本著作由高原科学与可持续发展研究院资金支持出版
本书系国家社科基金青年项目“清代巩昌府契约文书的收集、整理与研究”阶段性成果（项目号21CZS063）

清至民国时期西北民间文献史料汇编系列丛书

档海拾珍

礼县档案馆馆藏清代民间文献选编

张　磊　刘小平◎主编

九州出版社
JIUZHOUPRESS

图书在版编目（CIP）数据

档海拾珍：礼县档案馆藏清代民间文书选编 / 张磊，刘小平主编 . -- 北京：九州出版社，2024. 9. -- ISBN 978-7-5225-3449-7

Ⅰ . D929. 49

中国国家版本馆 CIP 数据核字第 2024B6P063 号

档海拾珍：礼县档案馆藏清代民间文书选编

作　　者	张　磊　刘小平　主编
责任编辑	周红斌
出版发行	九州出版社
地　　址	北京市西城区阜外大街甲 35 号（100037）
发行电话	（010）68992190/3/5/6
网　　址	www. jiuzhoupress. com
印　　刷	唐山才智印刷有限公司
开　　本	710 毫米 ×1000 毫米　16 开
印　　张	14. 75
字　　数	194 千字
版　　次	2025 年 1 月第 1 版
印　　次	2025 年 1 月第 1 次印刷
书　　号	ISBN 978－7－5225－3449－7
定　　价	95. 00 元

序

新史学力求突破旧史学以帝王将相、社会精英为中心的研究模式，开始以微观史、底层民众史为研究重点，关注地方历史和个体命运。然而，由于传统史料普遍缺乏对底层民众生活的关怀，新史学的“突破”往往限于纸上谈兵，而找不到发力之处。然而，与传统的四部（经史子集）文献不同，民间文书的创造和使用主体是普通民众，记载的是普通百姓的日常生活，它们最真切地反映了普通百姓的生活面貌，是我们研究古代社会各阶层经济活动和精神文化生活宝贵的第一手资料。因此，民间文书的收集与研究已经成为了学界极重视的研究方向。福建、贵州等省份的民间文书研究更是成果卓著，已经整理、出版了数十万件民间文书。然而，与华南、西南等地民间文书的研究相比，西北地区的研究工作则还处于起步阶段，尚未有较为系统的收集与整理工作。为了弥补西北地区民间文书的研究空白，本人以“清代巩昌府契约文书”的收集、整理与研究作为近年来的主攻方向，并有幸于2021获得国家社科基金的资助。清代的巩昌府下辖七县一州一厅，分别是陇西（今甘肃省陇西县）、安定（今甘肃省定西市安定区）、会宁（今甘肃省会宁县）、通渭（今甘肃省通渭县）、宁远（今甘肃省武山县）、伏羌（今甘肃省甘谷县）、西河（今甘肃省西和县）共7县；岷州（今甘肃省岷县）1散州；洮州（今甘肃省临潭县）1散厅，辖境包括了今天甘肃的中部及东南部的部分地区，是沟通关中平原、青藏高原、河西走廊的关键地区。这里多民族聚居，自然环境多样，农牧业发达，是清代甘肃辖区面积最大的一个府级行政区，也是甘肃历史文化积淀较为深厚的地区。大量的民间文献深藏于民间，有待学者们的进一步开发。

本课题自立项以来，项目组以安定县（今甘肃省定西市安定区）为中心，在会宁、通渭、陇西、岷县、漳县、天水、西和、礼县等原清代巩昌府辖县都进行了较为扎实的田野考察工作，并与当地的礼县档案馆等文博机构建立良好的合作关系。随着收集工作的不断推进，课题组在各公藏机构、文物市场、文史爱好者以及乡村百姓家中，已收集到近千件以契约文书为主的民间文书。从时间线索上看，上至明代万历二十四年，下至中华人民共和国建立初期，涵盖了三百余年的历史；从内容上看，包括买卖契约、账簿、收据、当票、税单、礼仪婚书、诉状等各类民间文书，几乎囊括了民间文书的各类形式。本书中所展示的礼县档案馆馆藏精选的100余件民间文书，是在时任礼县马河乡乡长（原桥头镇镇长）张小沛的大力支持下，礼县档案馆馆长刘小平特从桥头镇菜花村挖掘性走访征集而来，全部出自桥头镇村民蒋石生家，时间主要集中于清代咸丰至光绪年间。此批文书史料征集到馆时，已经损毁相当严重。为尽可能地恢复该批文书的全貌，礼县档案馆裱糊室特邀张彭波等专业人士进行了抢救性修复裱糊。在历经抢救保护、数字处理、注解校对、审定编排等过程后，此批文书得以以较为完整的面貌呈现在读者面前。从史料的珍贵性而言，这批民间文书可以说是西北地区民间文献中难得一见的珍品，对于我们复原清代西北丰富多彩的民间社会生活，还原当时基层社会制度运行的实态，勾勒清代至民国时期农村的经济结构，存史资政育人都有着极为重要的学术价值。但因年代久远、字迹不清等原因，编者在进行整理时失误难免，敬请斧正。

张磊

2024.8.9

礼县档案馆征集重点档案捐赠仪式

征集后的文书档案原貌

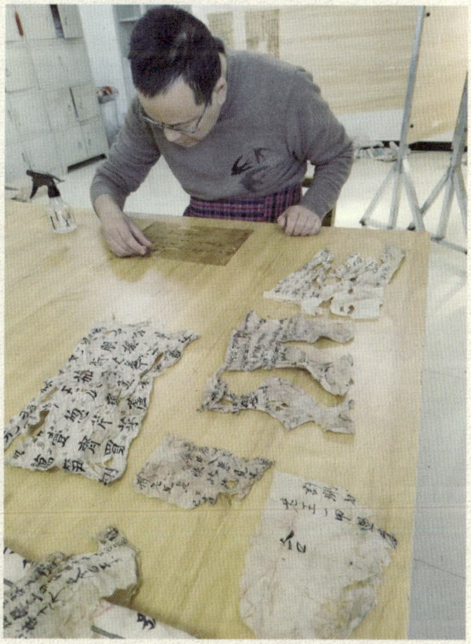

文书档案抢救性裱糊修复保护现场

文书初步录入、整理现场

文书初步录入、整理现场

礼县档案馆馆藏重点档案编研工作启动仪式

青海师大、礼县档案馆重点档案编研成果研讨会

目 录

CONTENTS

1. 道光二年二月庞门袁氏立吐退文约

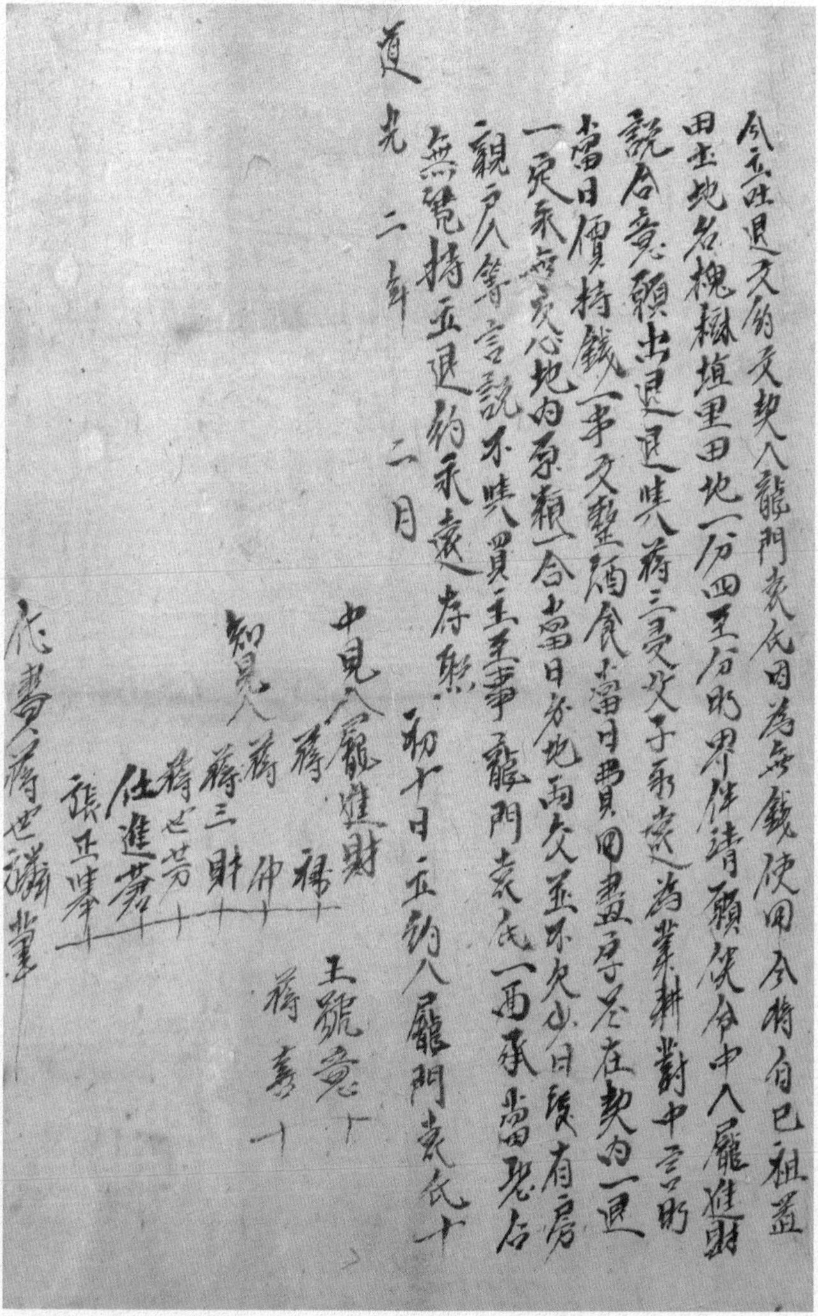

立吐退文約文契人龐門袁氏因為無錢使用今將自己祖遺
田壹地名槐樹埡里田地一分四至分明界佳請願依中人羅進財
說合意願出退退與人蔣三受父子永遠為業耕對中言明
當日價持錢一事交盤酒食當日費用盡在契內一退
一定永無反悔地內原賴一合當日分地兩交並不欠少日後有房
親戶人等言說不與買主之事龐門袁氏一面承當聚台
無憑持立退約永遠存照

道光二年二月初十日立約人龐門袁氏十

中見人羅進財　蔣祿十　王號意卜　蔣仲十　蔣壽十

知見人蔣三財十　蔣世芳十　任進孝十　張正峰十

代書人蔣世鐵筆

录文：

（正面）

今立吐退文约，文（立）契人龙（庞）门袁氏因为无钱使用，今将自己祖置田土地名槐树埫里田地一分，四至分明，界伴（畔）清愿，仰令中人庞进财说合，意愿出退，退与蒋三□父子永远为业耕。对中言明，当日价持钱一串文整，酒食当日费用画字尽在契内，一退一定，永无反心，地内原粮一合，当日分地两交，并不欠少，日后有房亲户人等言说，不与买主生事，龙（庞）门袁氏一面承当，恐后无凭，持立退约永远存照。

道光二年二月初十日　立约人　庞门袁氏

（背面）

中见人　　庞进财

知见人　　蒋禄　蒋仲　蒋三财　蒋世芳　任进苍　张正举　王号意　蒋喜

代书人　　蒋世麟　笔

2. 道光十三年二月十五日赵义魁立借钱约

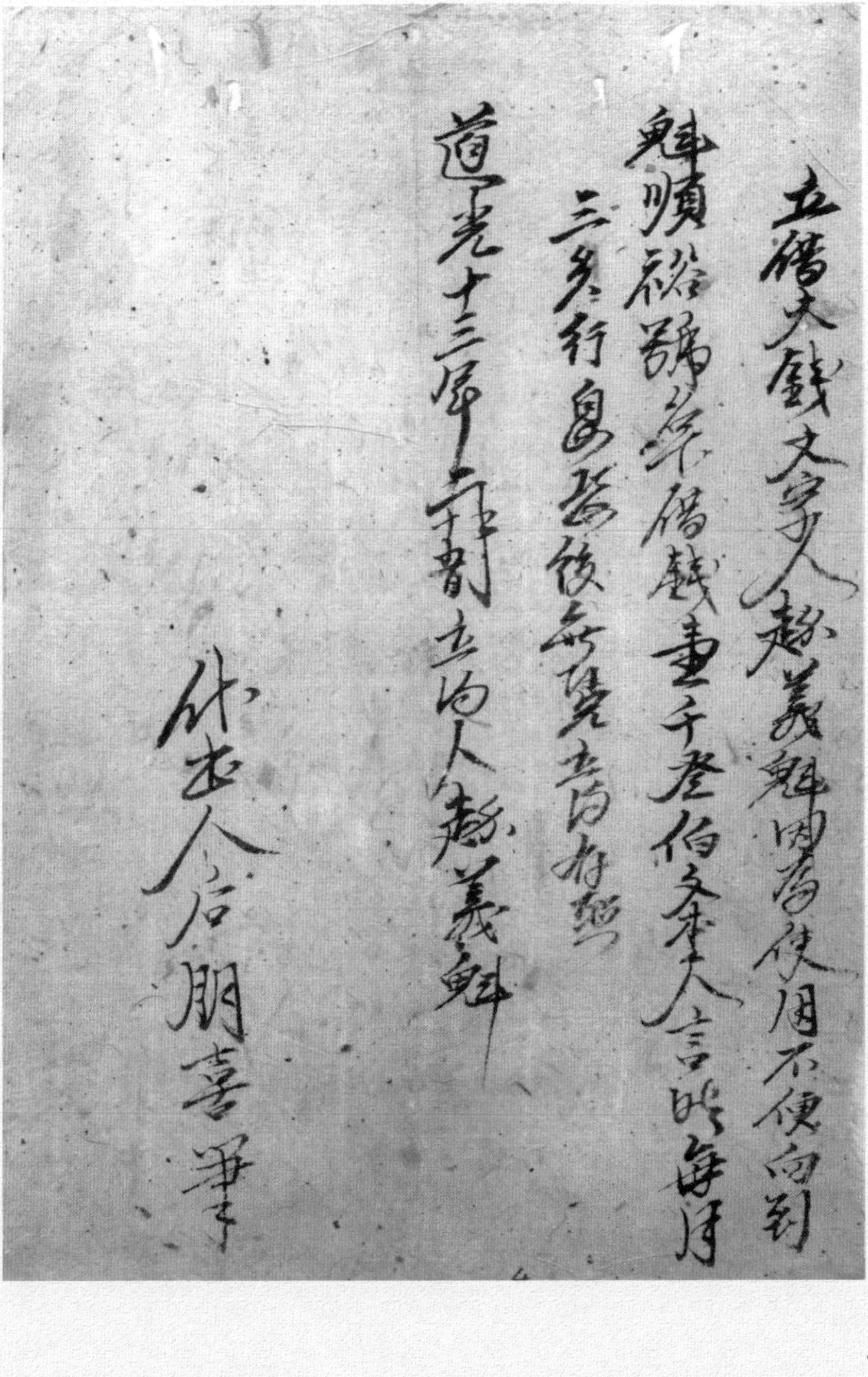

立借大錢文字人趙義魁因爲使用不便向到
魁順裕號名下借錢壹千叁佰文眾人言明每月
三分行息恐後無憑立借存照
道光十三年二月十五日立借人趙義魁
代書人啟朋喜筆

录文：

（正面）

立借大钱文字人赵义魁，因为使用不便，向到魁顺裕号名下借钱一千三百文，本人言明，每月三分行息，恐后无凭，立约存照。

道光十三年二月十五日

立约人　　赵义魁

（背面）

代书人　　后朋喜　笔

3. 道光十五年九月初三日蒋世芳立当土地约

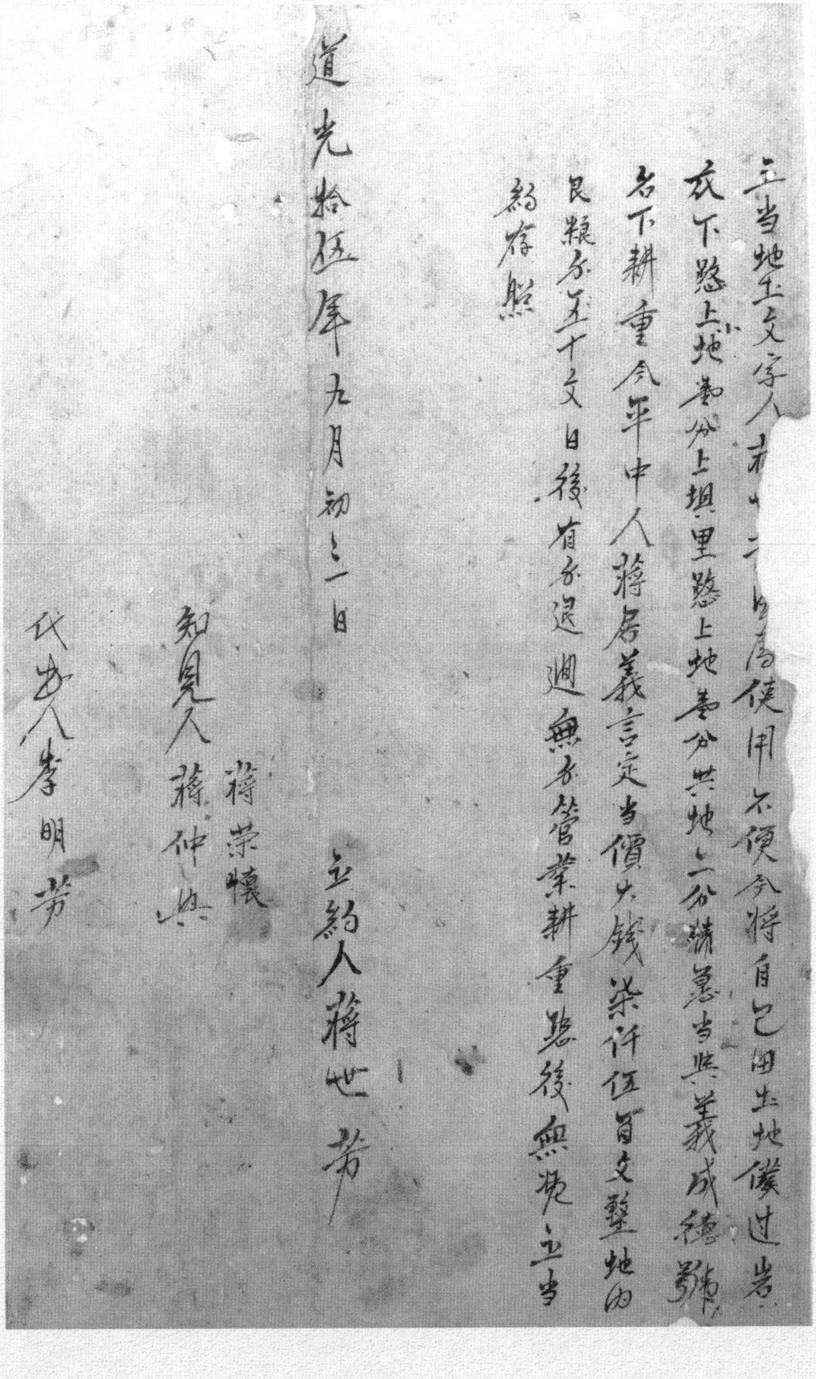
立当地土文字人蒋世芳因為使用不便今将自己田土地儀过岩
底下懸上地壹分上垻里懸上地壹分共地二分請憑中与義成德號
名下耕種今平中人蒋居義言定当價大錢柒仟伍百文整地內
良粮分五十文日後有分退週無分管業耕種恐後無憑立当
約存照
道光拾伍年九月初三日
立約人蒋世芳
知見人蒋荣懷
蒋仲興
代书人李明芳

录文：

（正面）

立当地土文字人蒋世芳，因为使用不便，今将自己田土地僕过岩（鸽子崖）衣（以）下路上小地一分，上坝里路上地一分，共地二分，情愿当与义成德号名下耕重（种），今平（当地地名：岳坪里）中人蒋居义言定，当价大钱七千五百文整，地内民粮钱五十文，日后有钱退回，无钱管业耕重（种），恐后无凭，立当约存照。

道光十五年九月初三日

立约人　　蒋世芳

（背面）

知见人　　蒋荣怀　蒋仲兴

代书人　　李明芳

4. 道光廿年九月廿九日蒋代喜儿立借钱约

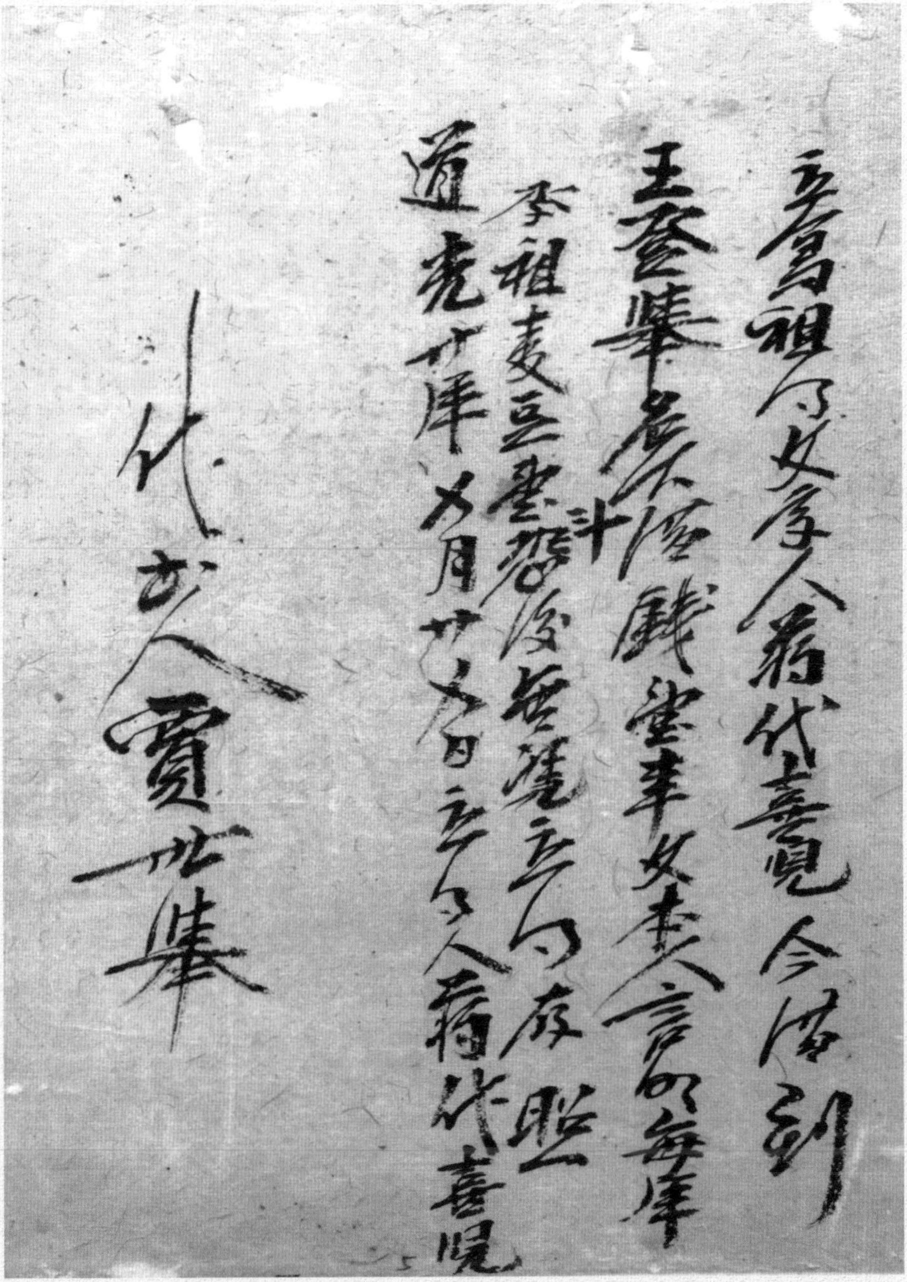
立借租約人蔣代喜兒，今借到
王登舉名下借錢壹千文，言明每年
交租麥豆壹斗，恐後無憑，立約存照。
道光廿年九月廿九日立借約人蔣代喜兒
代書人賈世集

录文：

（正面）

立写租约文字人蒋代喜儿，今借到王登举名下借钱一串文，本人言明，每年承租麦豆七斗，恐后无凭，立约存照。

道光廿年七月廿九日

立约人　　蒋代喜儿

（背面）

代书人　　贾世举

5. 道光二十三年十一月范福有立赊麦豆文

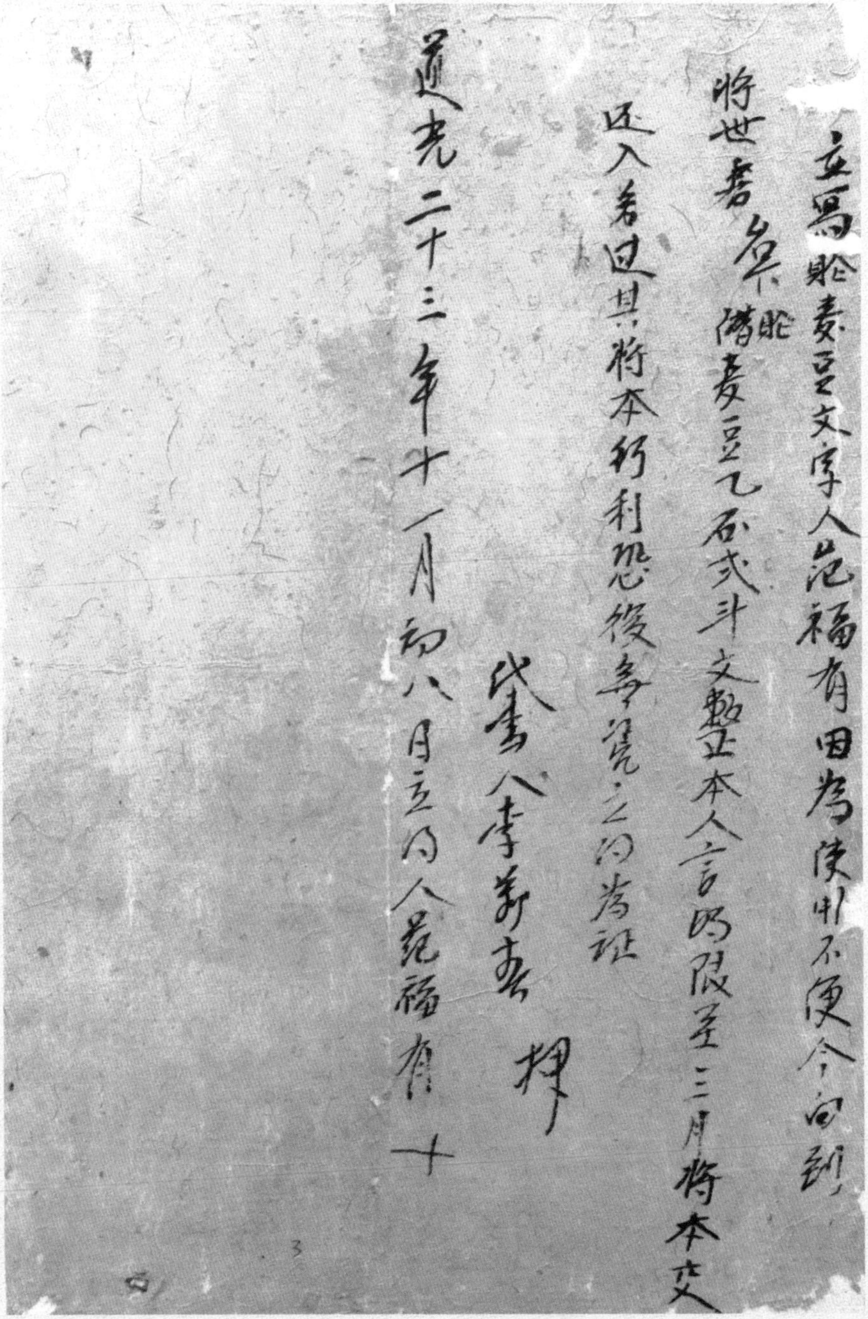
立写赊麦豆文字人范福有因为使用不便今向到
将世春名下赊借麦豆乙石弍斗文整本人言明限至三月将本交
还入若过其将本行利恐後無凭立約為証
代書人李新春 押
道光二十三年十一月初八日立約人范福有 十

录文：

立写赊麦豆文字人范福有，因为使用不便，今向到蒋世芳名下赊、借麦豆乙石式斗文整。本人言明，限至三月将本交还，如若过期，将本行利，恐后无凭，立约为证。

代书人　　李善喜　押

道光二十三年十一月初八日

立约人　　范福有

6. 咸丰二年十月十五日蒋世芳立借钱约

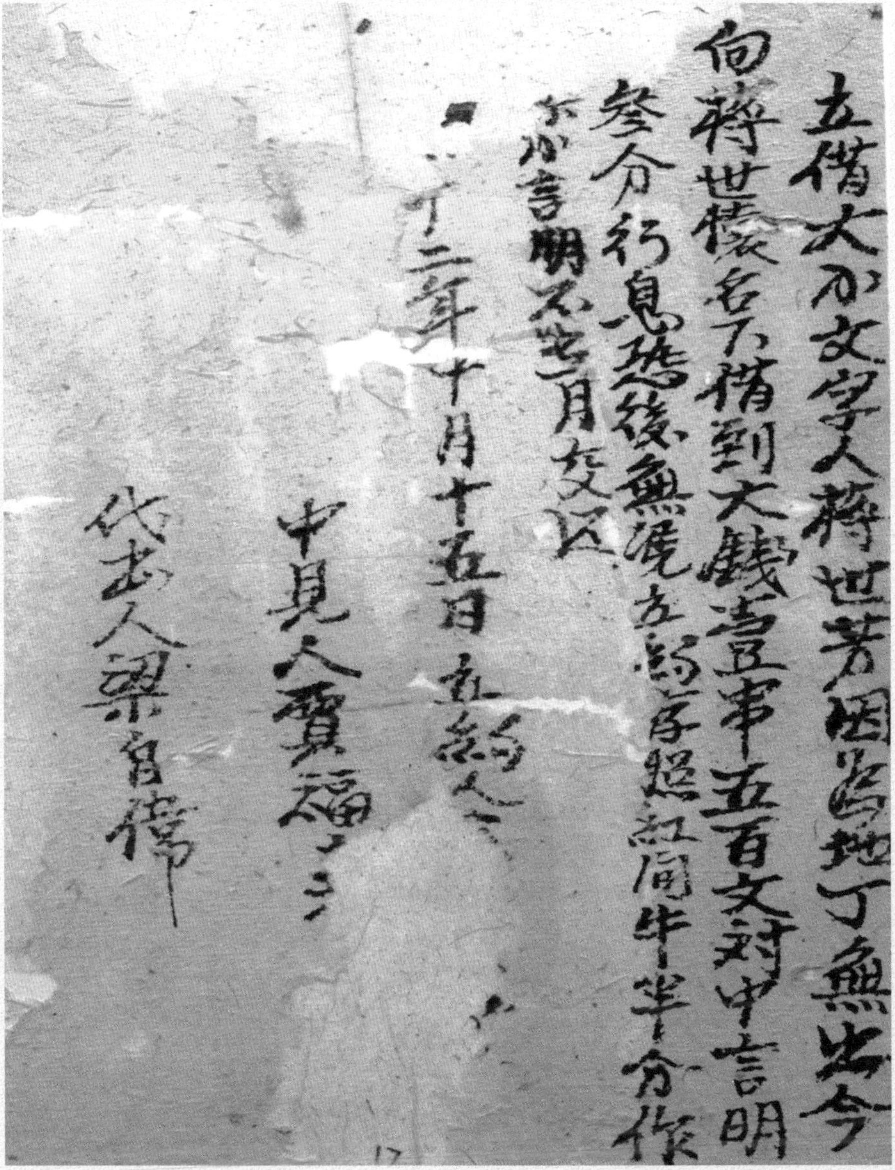
立借文字人蒋世芳因為地丁無出今
向蒋世懷名下借到大錢壹千五百文对中言明
叁分行息恐後無憑立約字据紅同牛半分作
抵亦言明不定月交還
咸豐二年十月十五日 立約人
中見人賈福
代书人梁自德

录文：

立借大钱文字人蒋世芳因为地丁无出，今向蒋世怀名下借到大钱一串五百文，对中言明三分行息，恐后无凭，立约存照。红间（公）牛半分作□□，言明不出一月交还。

咸丰二年十月十五日

立约人　　蒋世芳

中见人　　贾福□

代书人　　梁自伟

7. 咸丰三年十二月廿二日借小麦约

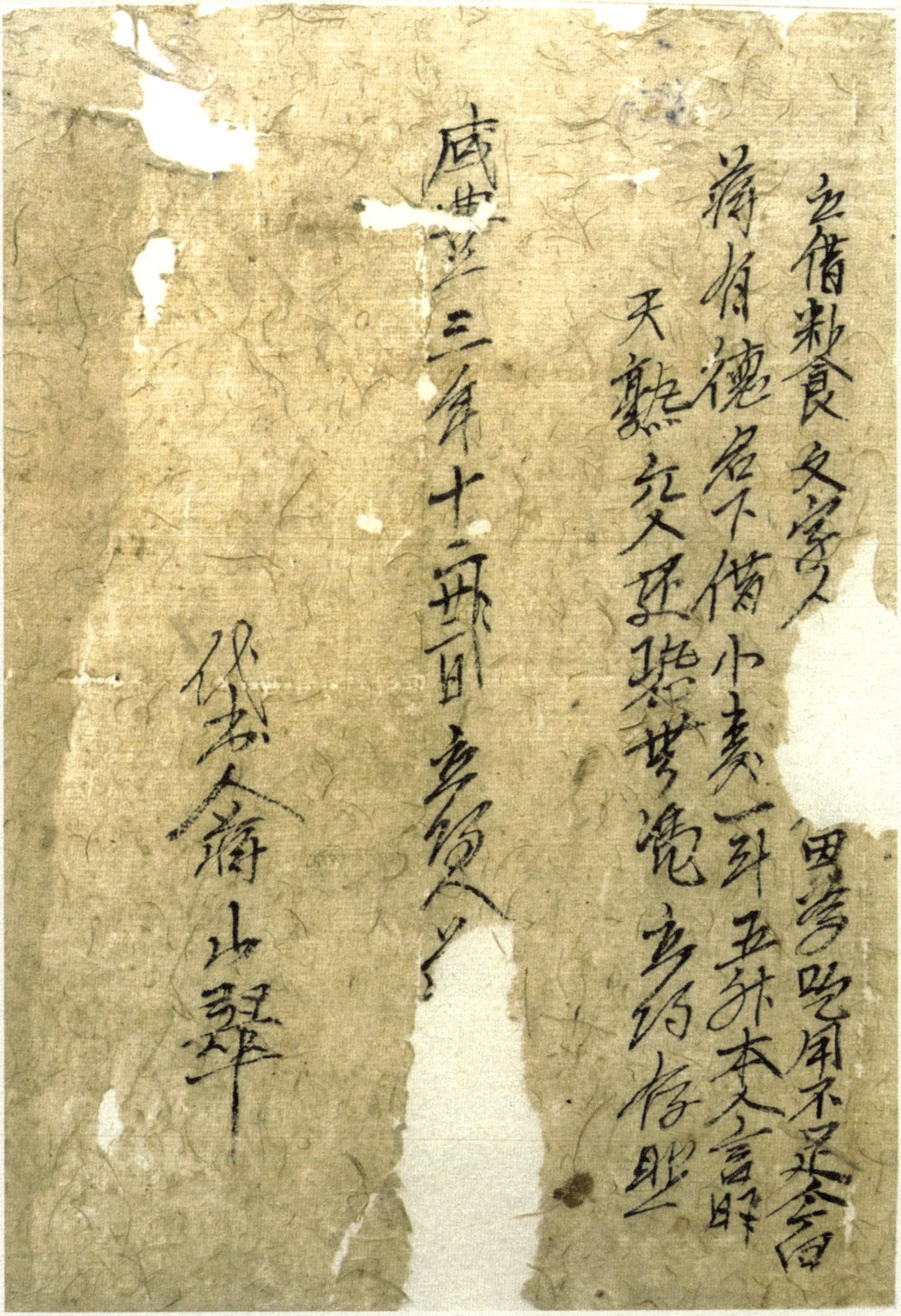

立借粮食文字人　因为吃用不足，今向
蒋有德名下借小麦一斗五升，本人言明
天熟交还，恐后无凭，立约存照。
咸丰三年十二月廿二日　立约人
代书人蒋山[illegible]

录文：

（正面）

立借粮食文字人□□□，因为吃用不足，今向蒋有德名下借小麦一斗五升，本人言明天熟交还，恐无凭，立约存照。

咸丰三年十二月廿二日

立约人　　蒋□□

（背面）

代书人　　蒋山翠

8. 咸丰六年二月廿六日蒋三约立借钱约

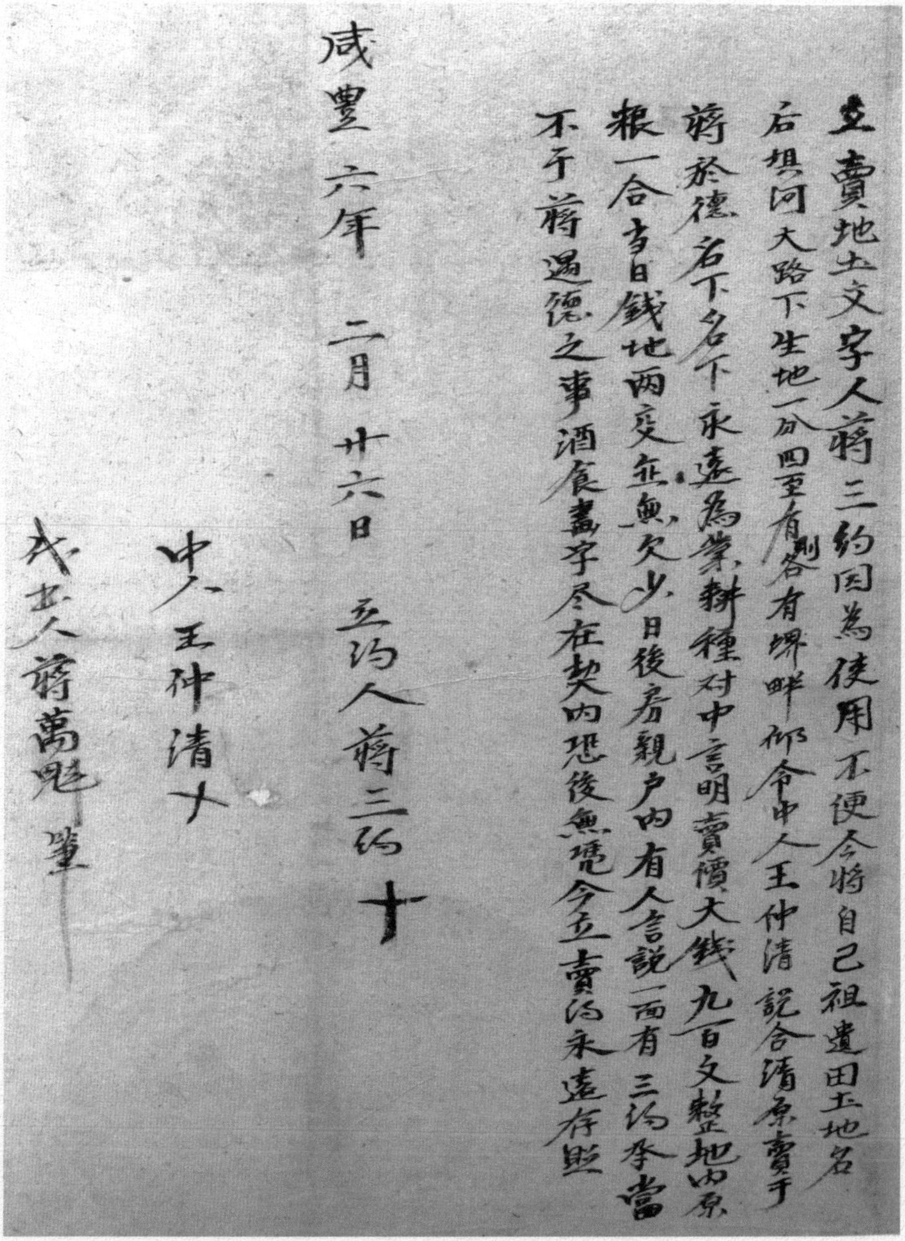

立賣地土文字人蔣三約因爲使用不便今將自己祖遺田土地名
后垻河大路下生地一分四至有則各有堺畔仰令中人王仲清説合情原賣于
蔣於德名下名下永遠爲業耕種对中言明賣價大錢九百文整地内原
粮一合当日錢地兩交並無欠少日後房親户内有人言說一面有三約承當
不干蔣遇德之事酒食畫字尽在契内恐後無憑今立賣約永遠存照
咸豐六年二月廿六日立約人蔣三約十
中人王仲清十
代書人蔣萬魁筆

录文：

（正面）

立卖地土文字人蒋三约，因为使用不便，今将自己祖遗田土地名后坝河大路下生地一分，四至有则，各有塄（界）畔，仰令中人王仲清说合，请原（情愿）卖于蒋于德名下（名下）永远为业耕种。对中言明，卖价大钱九百文整，地内原粮一合，当日钱地两交，并无欠少，日后房亲户内有人言说，一面有三约承当，不于（与）蒋遇（于）德之事，酒食画字尽在契内，恐后无凭，今立卖约，永远存照。

咸丰六年二月廿六日

立约人　　蒋三约

（背面）

中　人　　王仲清

代书人　　蒋万魁　笔

9. 同治元年十二月十六日蒋得荣立租地约

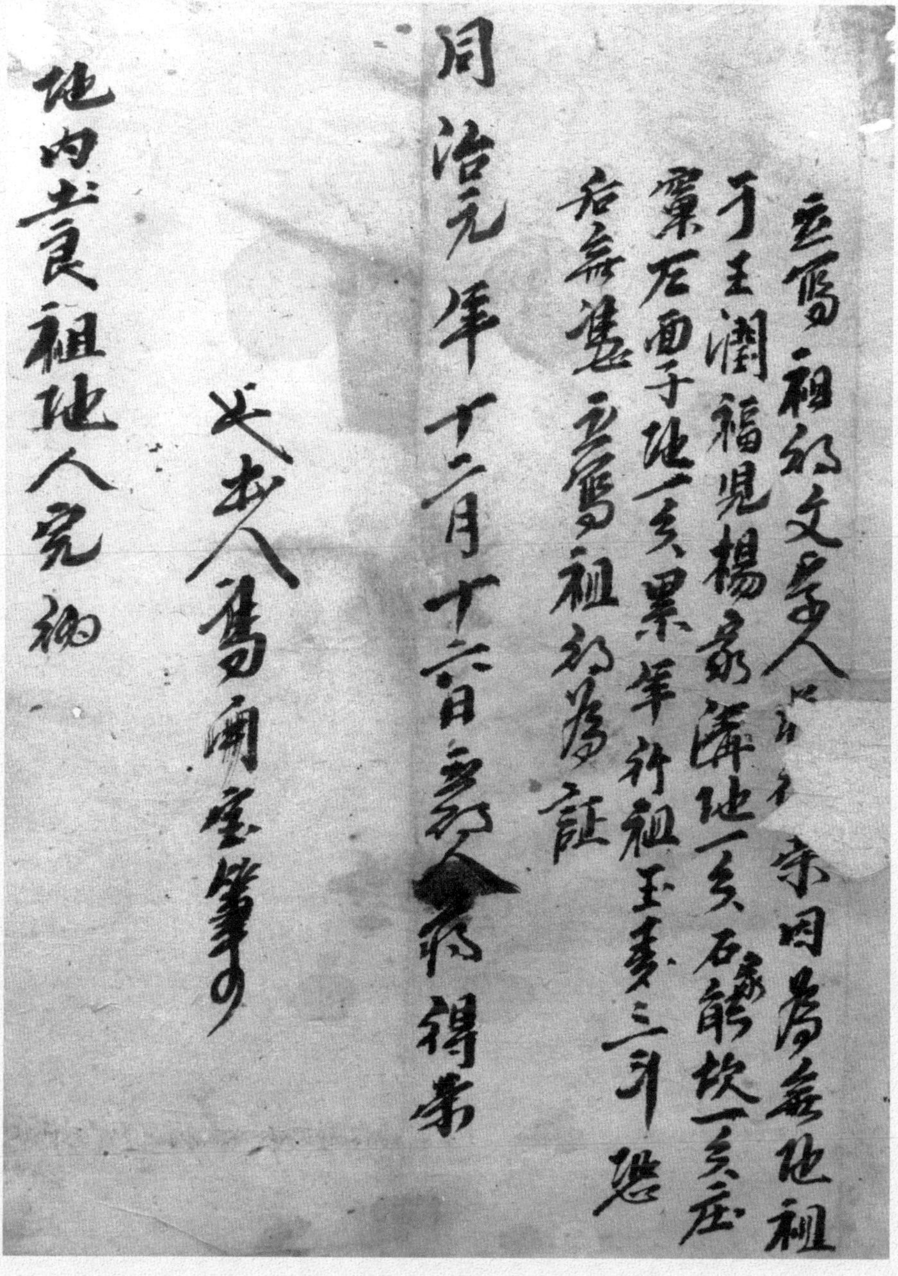

立寫租約文字人[illegible]宗因為無地租
于王劉福兒楊家[illegible]地一塊石窯能坎一塊庄
窠右面子地一塊 果年年許租玉麥三升 懇
后無憑立寫租約為証
同治元年十二月十六日 蔣得榮
代書人 蔣周寶 筆
地内出良租地人完納

录文：

（正面）

立写租约文字人蒋得荣因为无地，租于王润福，现杨家沟地一分，石家能坎一分，庄窠（宅基）左面子地一分，累年行租，玉麦三斗，恐后无凭，立写租约为证。

同治元年十二月十六日

立约人　　蒋得荣

（背面）

代书人　　冯开宝　笔

地内土良（粮）租地人完纳

10. 同治元年十二月十六日蒋得荣立当地约

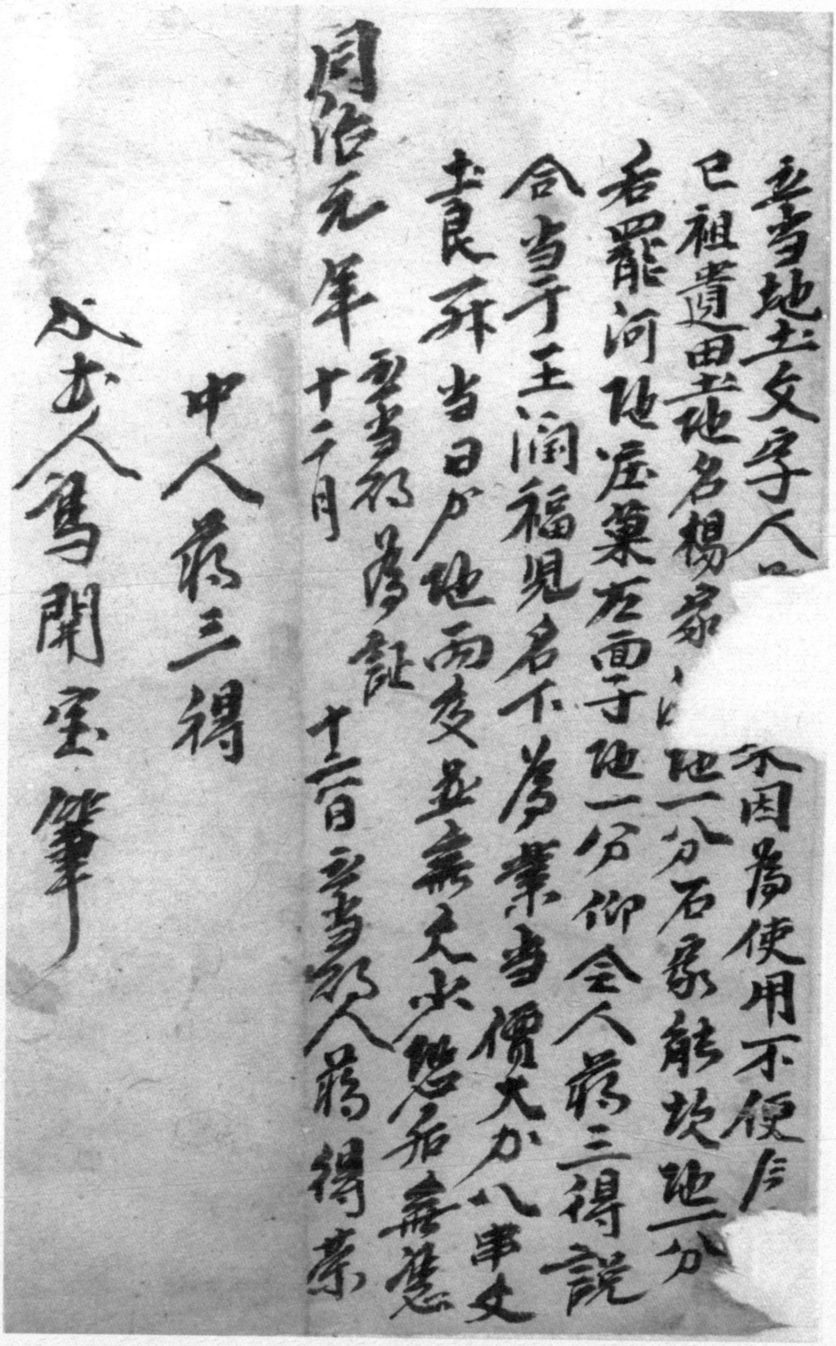
立當地土文字人[illegible]荣因為使用不便，今
己祖遺田土地名楊家[illegible]地一分，石家能坎地一分，
香羅河陡崖菓左面寸地一分，仰仝人蔣三得說
合當于王潤福兒名下為業，當價大錢八串文，
書良拜當日戶地兩交，並無欠少，恐后無憑，
立當約為證。
同治元年十二月十六日 立當約人蔣得荣
中人蔣三得
代書人馬開璽筆

录文：

（正面）

立当地土文字人□□□，因为使用不便，今□已祖遗田土地名杨家沟地一分，石家能坎地一分，后罢河地庄菓左面子（左边的）地一分，仰令人蒋三得说合，当于王润福儿名下为业，当价大钱八串文，土良（粮）一升，当日钱地两交，并无欠少，恐后无凭，立当约为证。

同治元年十二月十六日

立当约人　　蒋得荣

（背面）

中　人　　蒋三得

代书人　　冯开宝　笔

11. 同治二年三月二十八日杨永周立借钱约

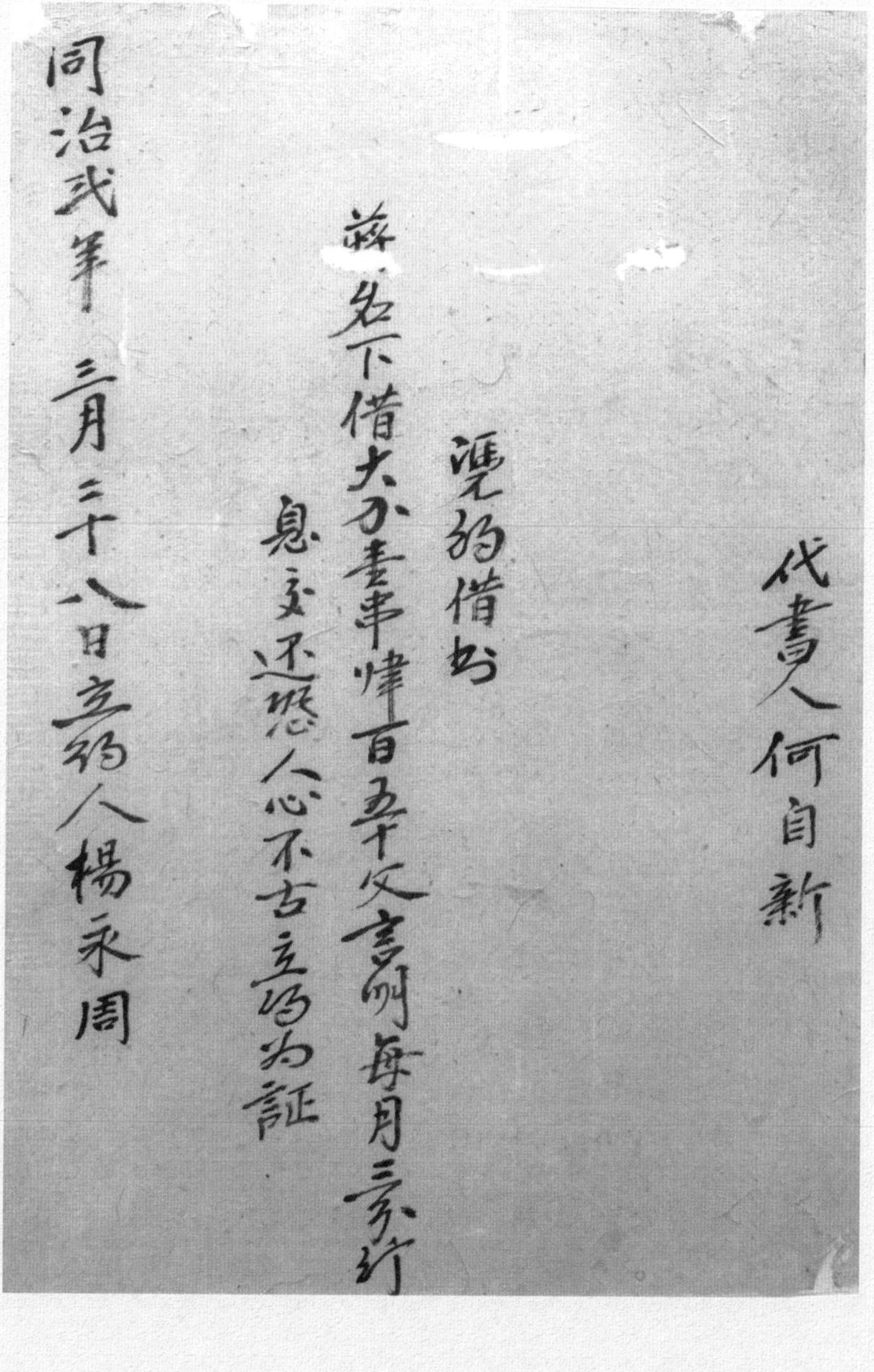
代書人何自新
凴約借約
蘇名下借大錢壹串肆百五十文言明每月三分行
息交还恐人心不古立約為証
同治弍年三月二十八日立約人楊永周

录文：

（正面）

凭约借出

蒋名下借大钱一串四百五十文，言明每月三分行息交还，恐人心不古，立约为证。

同治二年三月二十八日

立约人　　杨永周

（背面）

代书人　　何自新

12. 同治二年四月十三日蒋有文子立借麦豆约

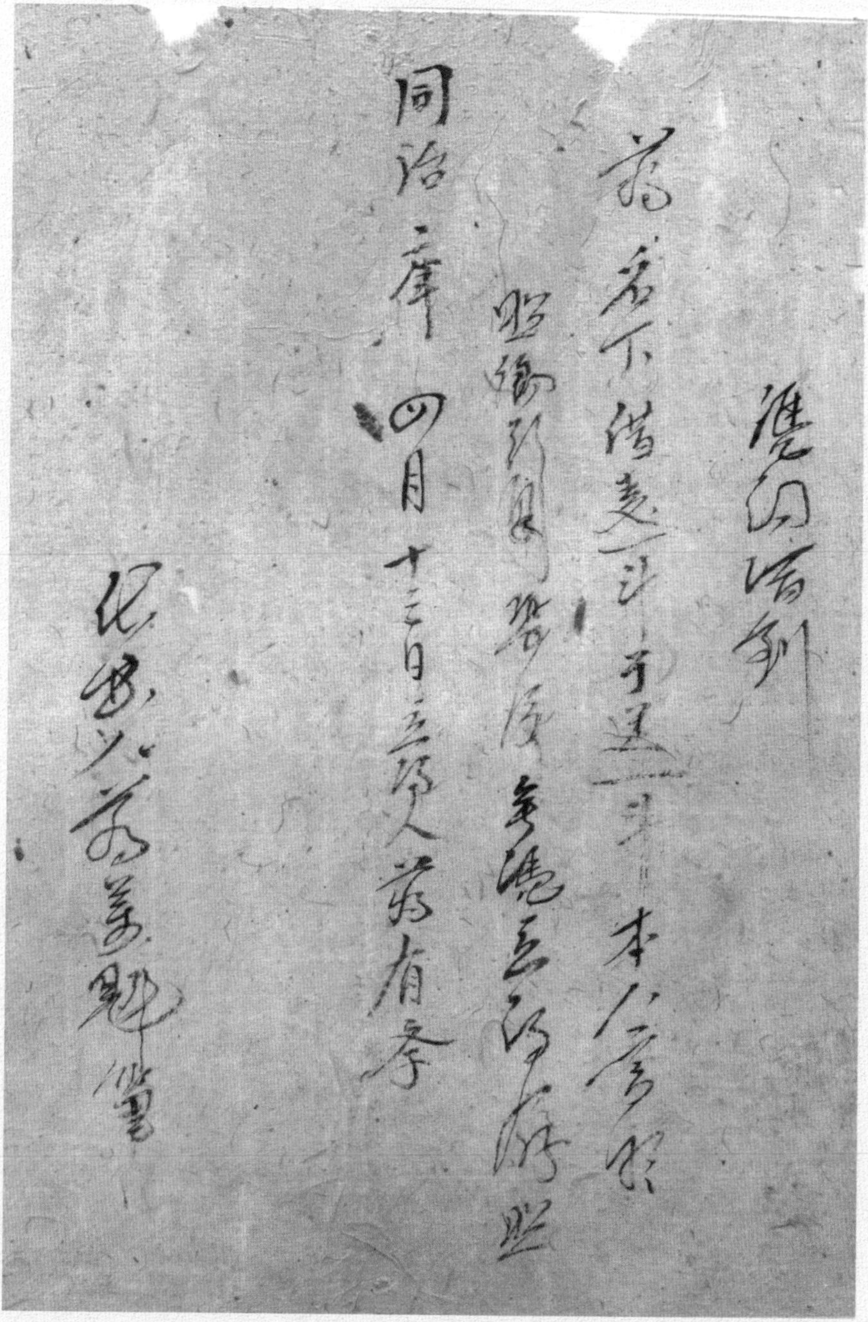

录文：

（正面）

凭约借到

蒋名下借麦一斗，于美（玉米）一斗，本人言明，照乡行息，恐后无凭，立约存照。

同治二年四月十三日

立约人　　蒋有文子

（背面）

代书人　　蒋万魁　笔

13. 同治二年五月初四日蒋根代成立借麦豆约

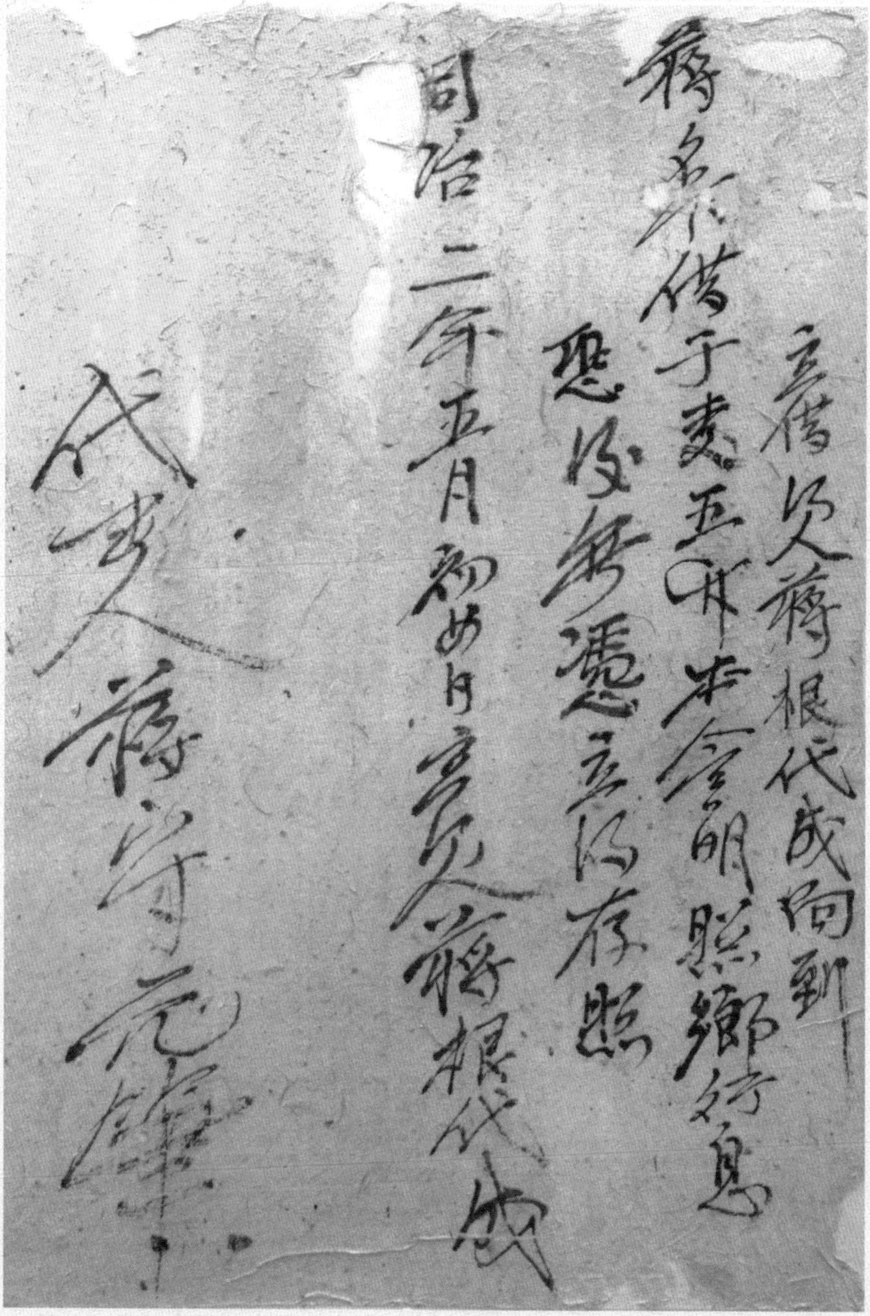
立借约人蒋根代成向到
蒋名下借于麦五斗本合明照鄉行息
恐后无凭立约存照
同治二年五月初四日立约人蒋根代成
代书人蒋得元

录文：

立借约人蒋根代成向到

蒋名下借于麦（玉米）五升，本人言明，照乡行息，恐后无凭，立约存照。

同治二年五月初四日

立约人　　蒋根代成

（背面）

代笔人　　蒋守元　笔

14. 同治四年二月初三日蒋顺太立借大豆约

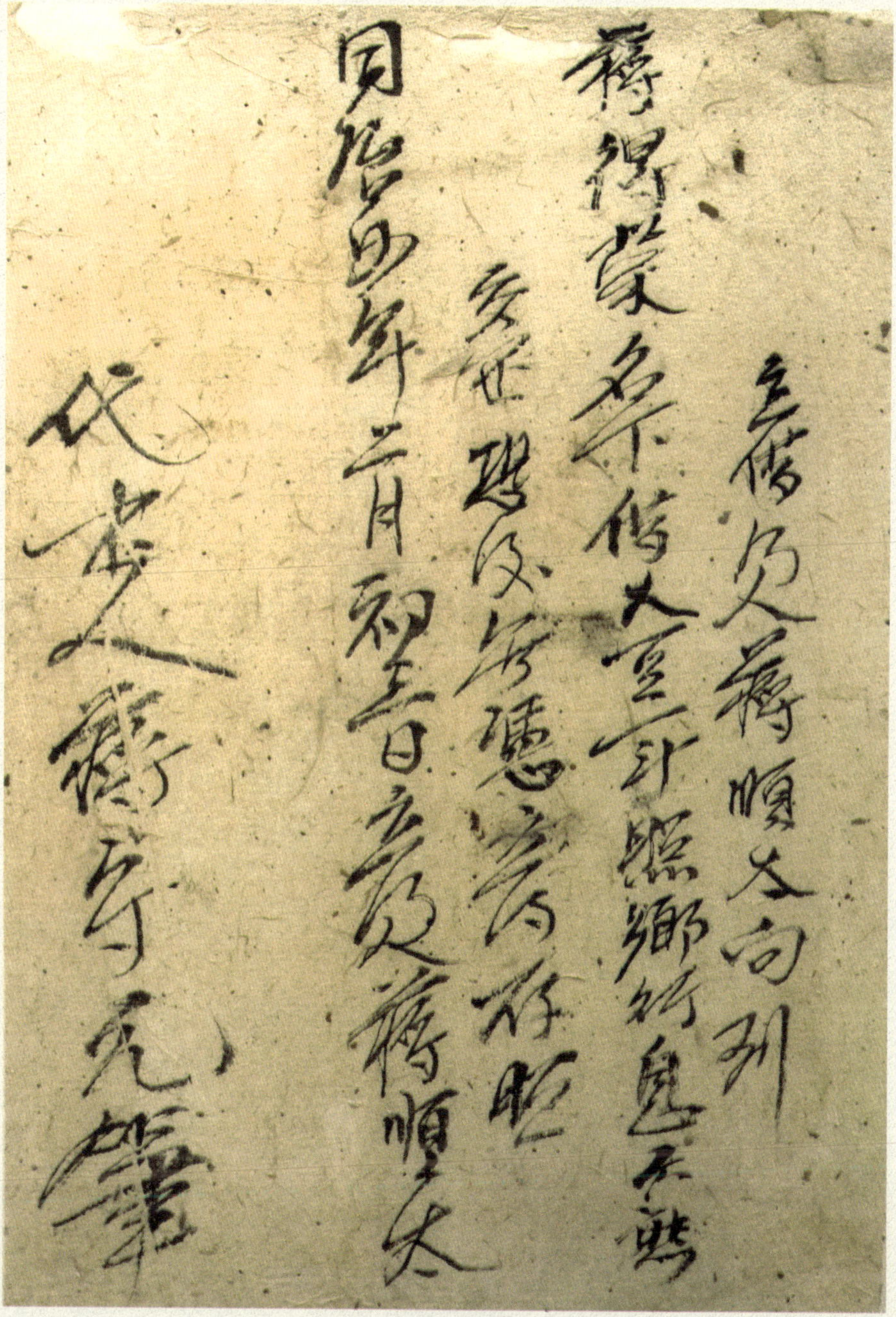
立借約人蔣順太今向到
蔣得榮名下借大豆一斗照鄉行息不誤
恐世理後無憑立存照
同治四年二月初三日立約人蔣順太
代字人蔣守元筆

录文：

立借约人蒋顺太向到，蒋得荣名下借大豆一斗，照乡行息，天熟交还，恐后无凭，立约存照。

同治四年二月初三日

立约人　　蒋顺太

（背面）

代书人　　蒋守元　笔

15. 同治四年二月十五日杨争秀立借玉麦约

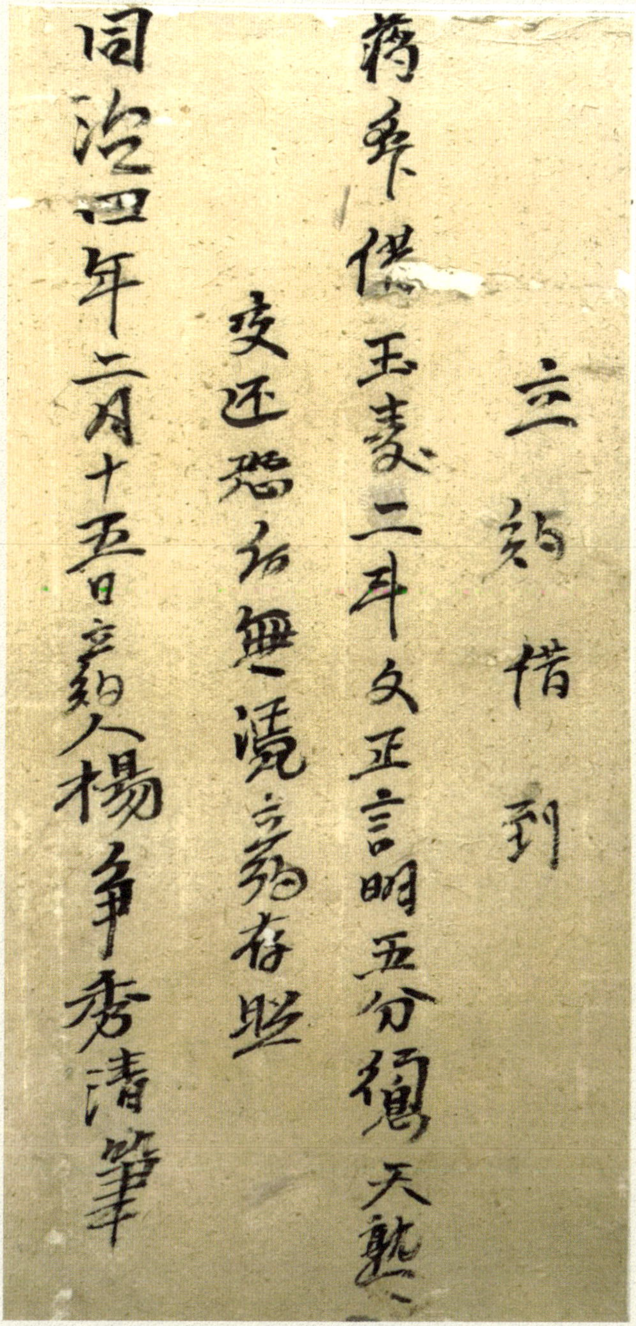
立約借到
蔣秉下借玉麥二斗文正言明五分行息天熟
交还恐后無憑立約存照
同治四年二月十五日立約人楊争秀清筆

录文：

立约借到

蒋名下（借）玉麦二斗，文正言明五分行息，天熟交还，恐后无凭，立约存照。

同治四年二月十五日

立约人　　杨争秀　清（亲）笔

16. 同治四年二月廿四日蒋明魁立借麦约

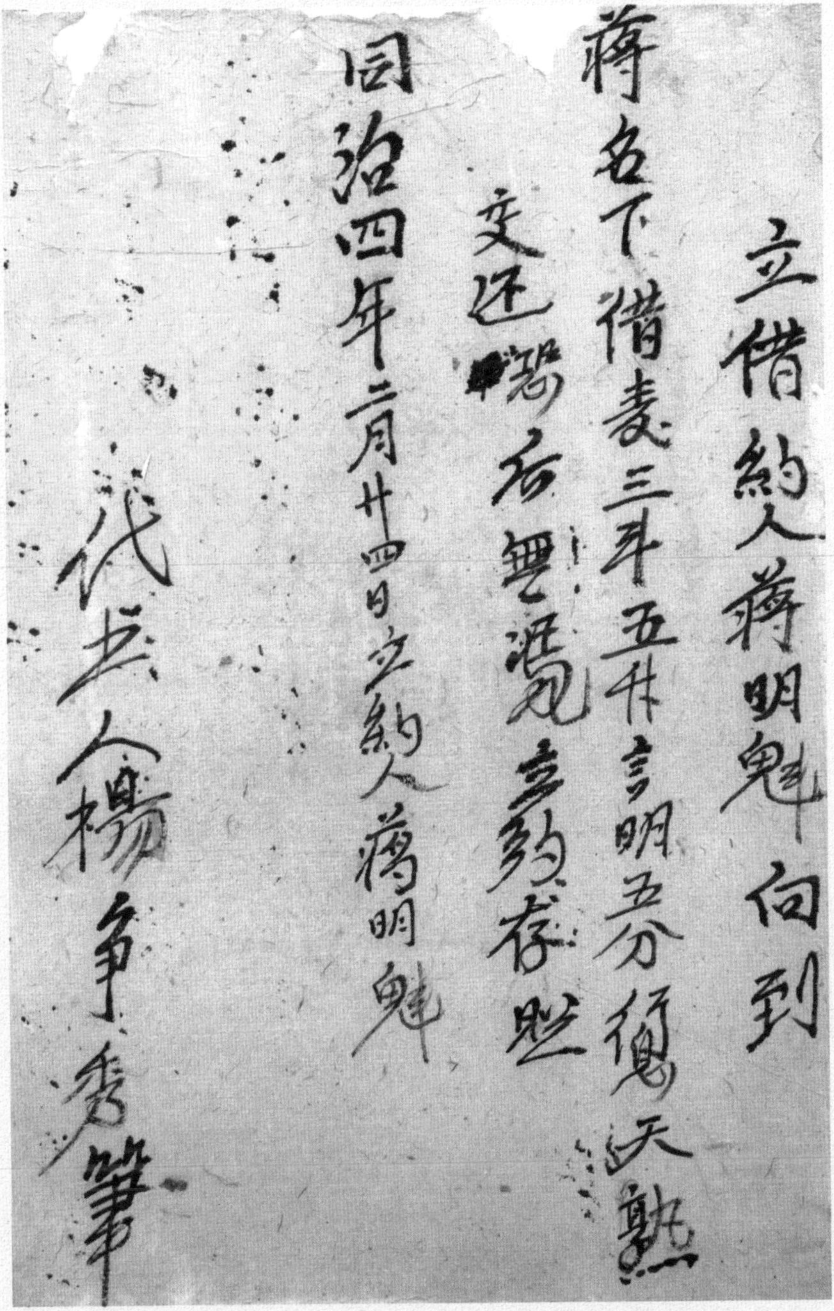
立借約人蔣明魁向到
蔣名下借麦三斗五升言明五分行息天熟
交还恐后無憑立約存照
同治四年二月廿四日立約人蔣明魁
代書人楊争秀筆

录文：

立借约人蒋明魁向到，蒋名下借麦三斗五升，言明五分行息，天熟交还，恐后无凭，立约存照。

同治四年二月廿四日

立约人　　蒋明魁

（背面）

代书人　　杨争秀　笔

17. 同治四年三月十九日秦正各立借麦约

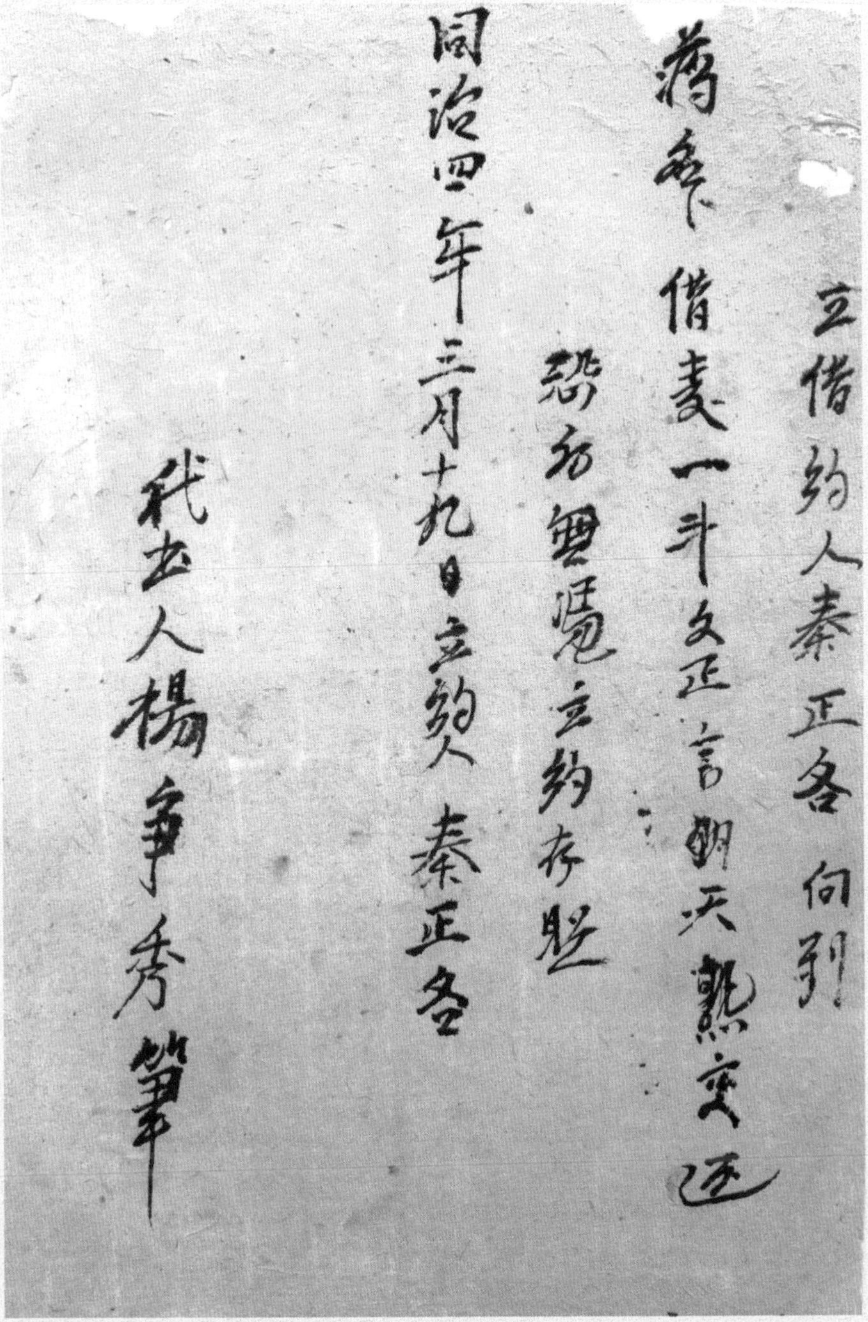
立借约人秦正各向到
蒋爷借麦一斗，文正言明，秋天熟交还。
恐后无凭，立约存照。
同治四年三月十九日立约人秦正各
代书人杨争秀笔

录文：

（正面）

立借约人秦正各，向（到）蒋名下借麦一斗文正，言明天熟交还，恐后无凭，立约存照。

同治四年三月十九日

（背面）

立约人　　秦正各

代书人　　杨争秀　笔

18. 同治四年三月廿二日蒋代有子立借小麦约

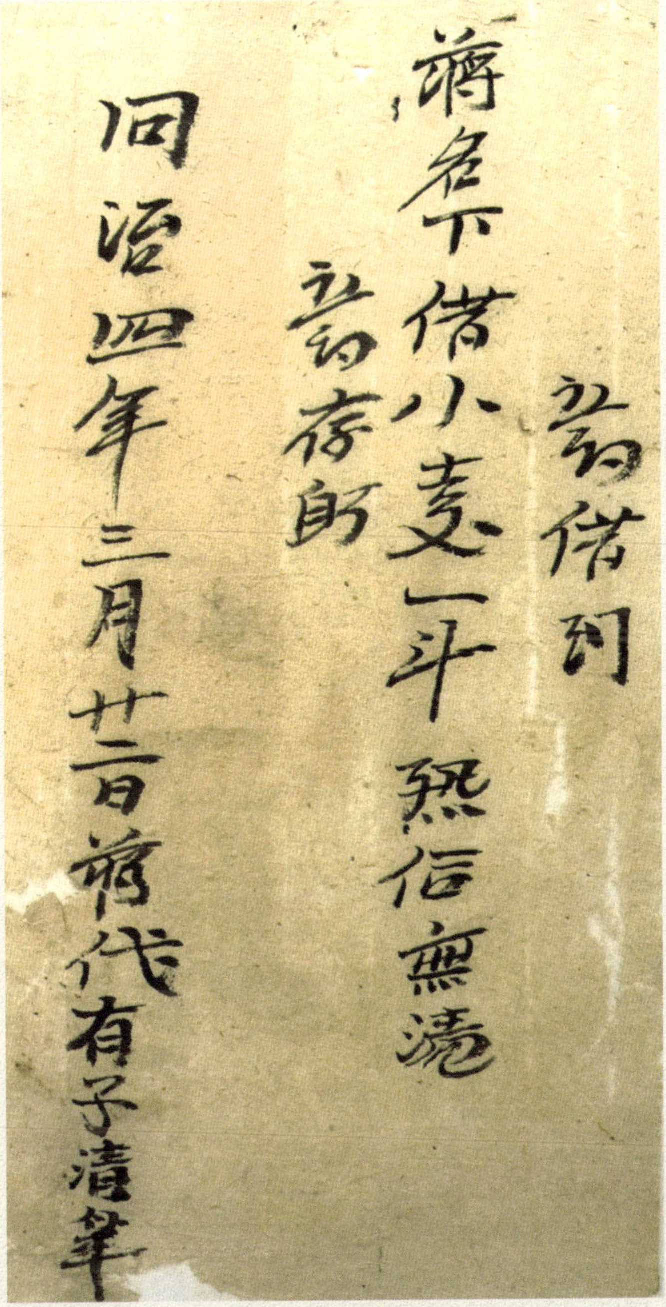

立借約

蔣名下借小麦一斗照信無濤

立存照

同治四年三月廿二日蔣代有子清筆

录文：

立约借到

蒋名下借小麦一斗，恐后无凭，立约存照。

同治四年三月廿二日

蒋代有子　清（亲）笔

19. 同治四年六月初三日蒋金代成立卖地约

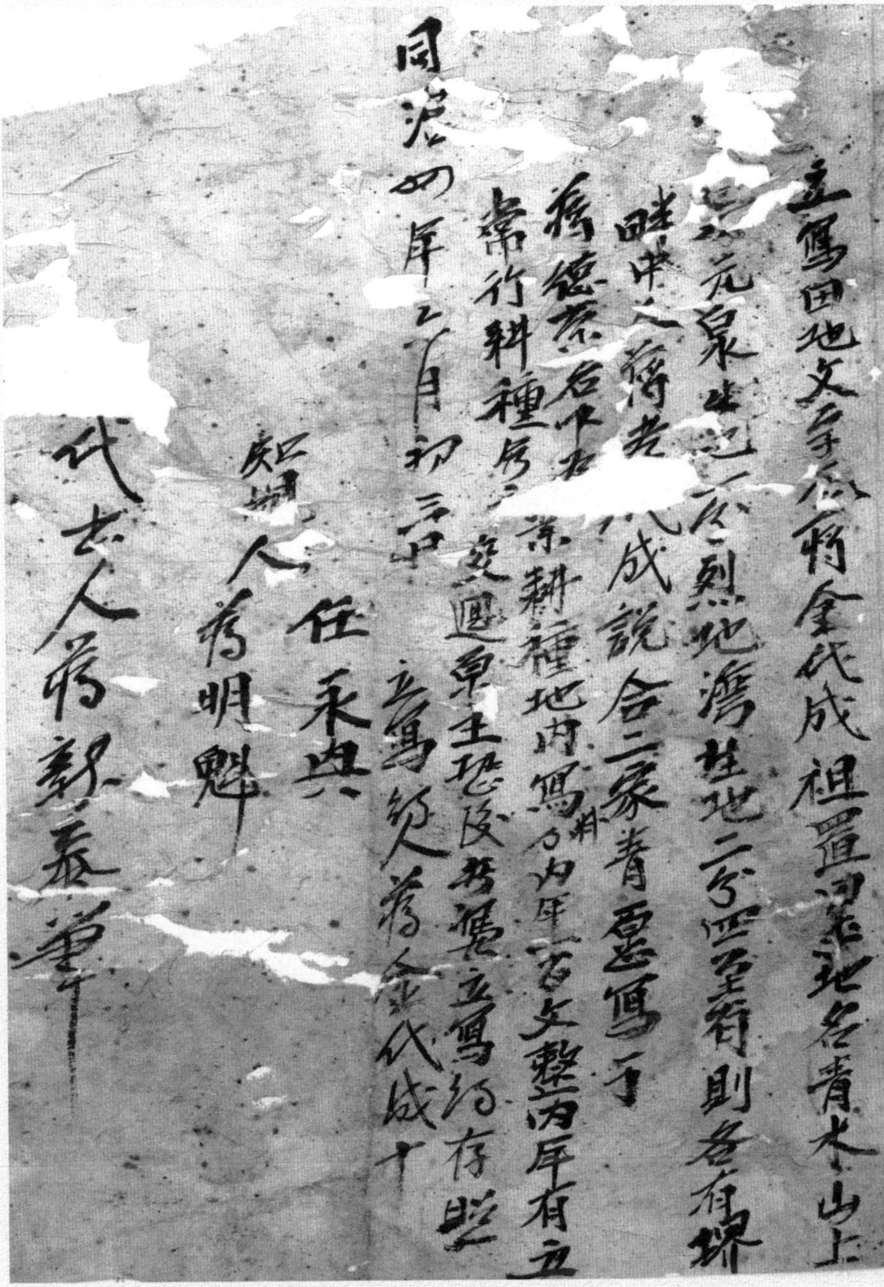
立写田地文字人蒋金代成 祖置河坝地名青木山上
[illegible]元泉坐边一段熟地湾坪地二分四至各有 则各有界
畔出卖之蒋者[illegible]成说合二家情愿写与
蒋德荣名下[illegible]永业耕种地内写明乃内年[illegible]文契内厚有立
常行耕种后[illegible]交还卓主恐后无凭立写约存照
同治四年六月初三日 立写约人蒋金代成 十
知见人 任采兴
蒋明魁
代书人蒋新春 笔

录文：

（正面）

立写田地文字人蒋金代成，祖置田土，地名青水山上，□元泉生地一分，烈地湾生地（撂荒地）二分，四至有则，各有界畔，中人蒋孝□成说合，二家青（情）愿写于蒋德荣名下为业耕种，地内写粮钱内年一百文整，内年有立（力）常行耕种，无钱交回原主。恐后无凭，立约存照。

同治四年六月初三日

立写约人　　蒋金代成

（背面）

知见人　　任永兴　蒋明魁

代书人　　蒋新泰　笔

20. 同治四年六月初六日蒋金代成立卖地约

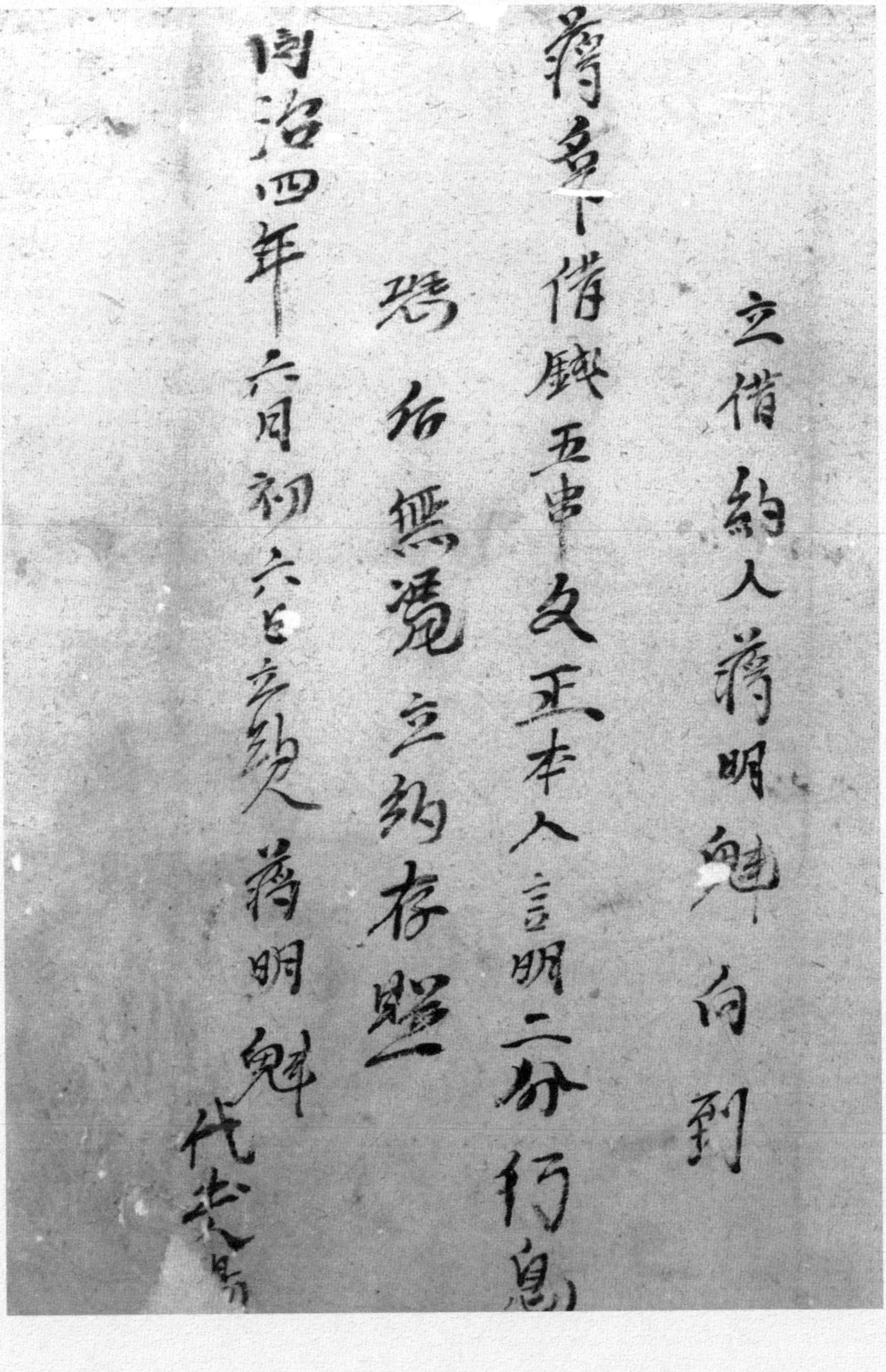

立借約人蔣明魁向劉
蔣名下借錢五串文正本人言明二分行息
恐后無憑立約存照
同治四年六月初六日立約人蔣明魁
代书

录文：

立借约人蒋明魁向到蒋名下借钱五串文正（整），本人言明二分行息，恐后无凭，立约存照。

同治四年六月初六日

立约人　蒋明魁

代书人　杨□

21. 同治五年六月初一日蒋三莲立借钱约

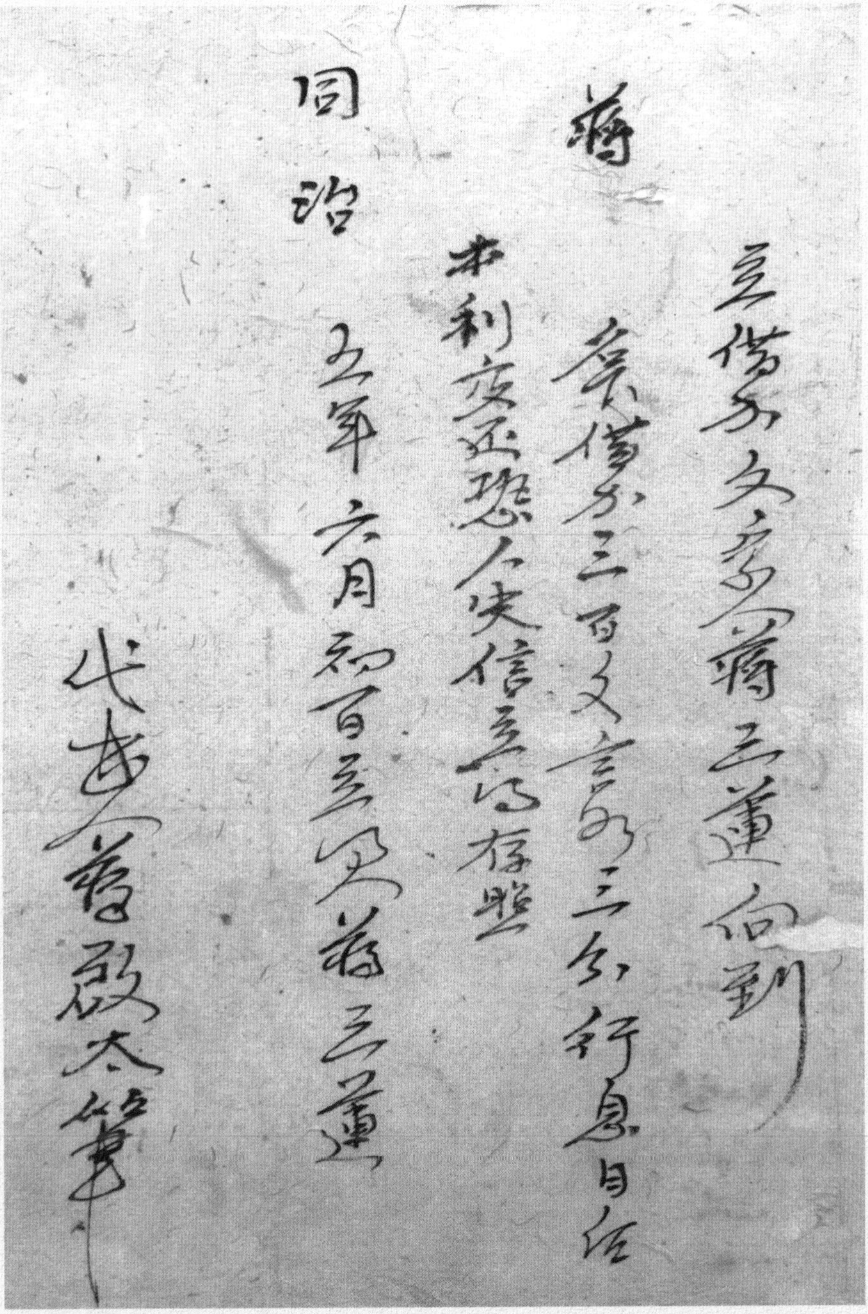
立借钱文字人蒋三莲向刘
蒋名下借钱三百文言明三分行息日后
本利交还恐人失信立约存照
同治五年六月初一日立约人蒋三莲
代书人蒋敬太笔

录文：

（正面）

立借钱文字蒋三莲向到蒋□□名下借钱三百文，言明三分行息，日后本利交还，恐人失信，立约存照。

同治五年六月初一日

立约人　　蒋三莲

（背面）

代书人　　蒋启太　笔

22. 同治五年十二月廿八日蒋三莲立借麦约

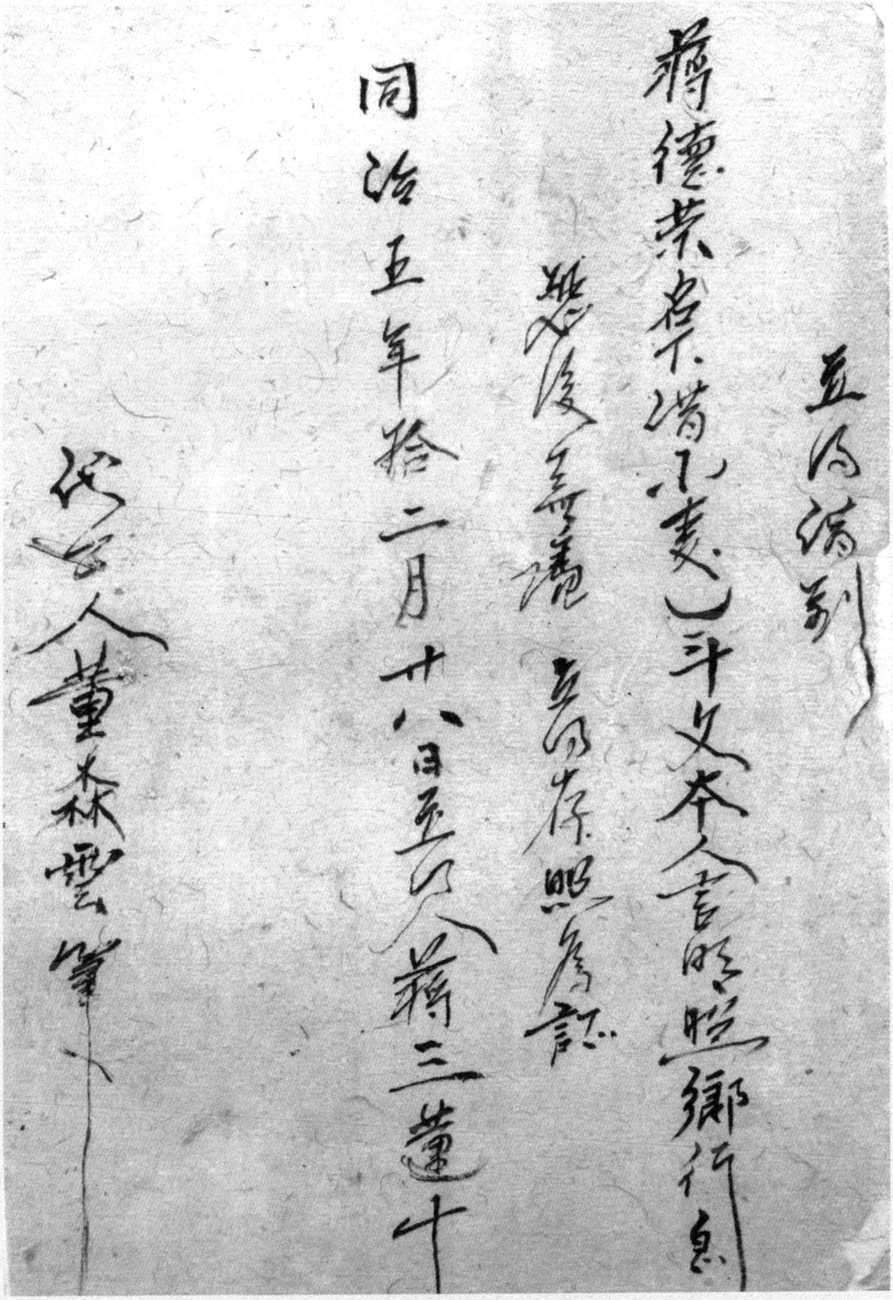
立约借到
蔣德榮名下借小麦一斗文本人言明照鄉行息
恐後無憑 立约存照為証
同治五年拾二月廿八日立约人蔣三蓮十
代字人董森雲筆

录文：

（正面）

立约借到

蒋德荣名下借小麦一斗文，本人言明，照乡行息，恐后无凭，立约存照。

同治五年十二月廿八日

立约人　　蒋三莲

（背面）

代书人　　董森云　笔

23. 同治六年三月十八日杨童兴立借玉麦约

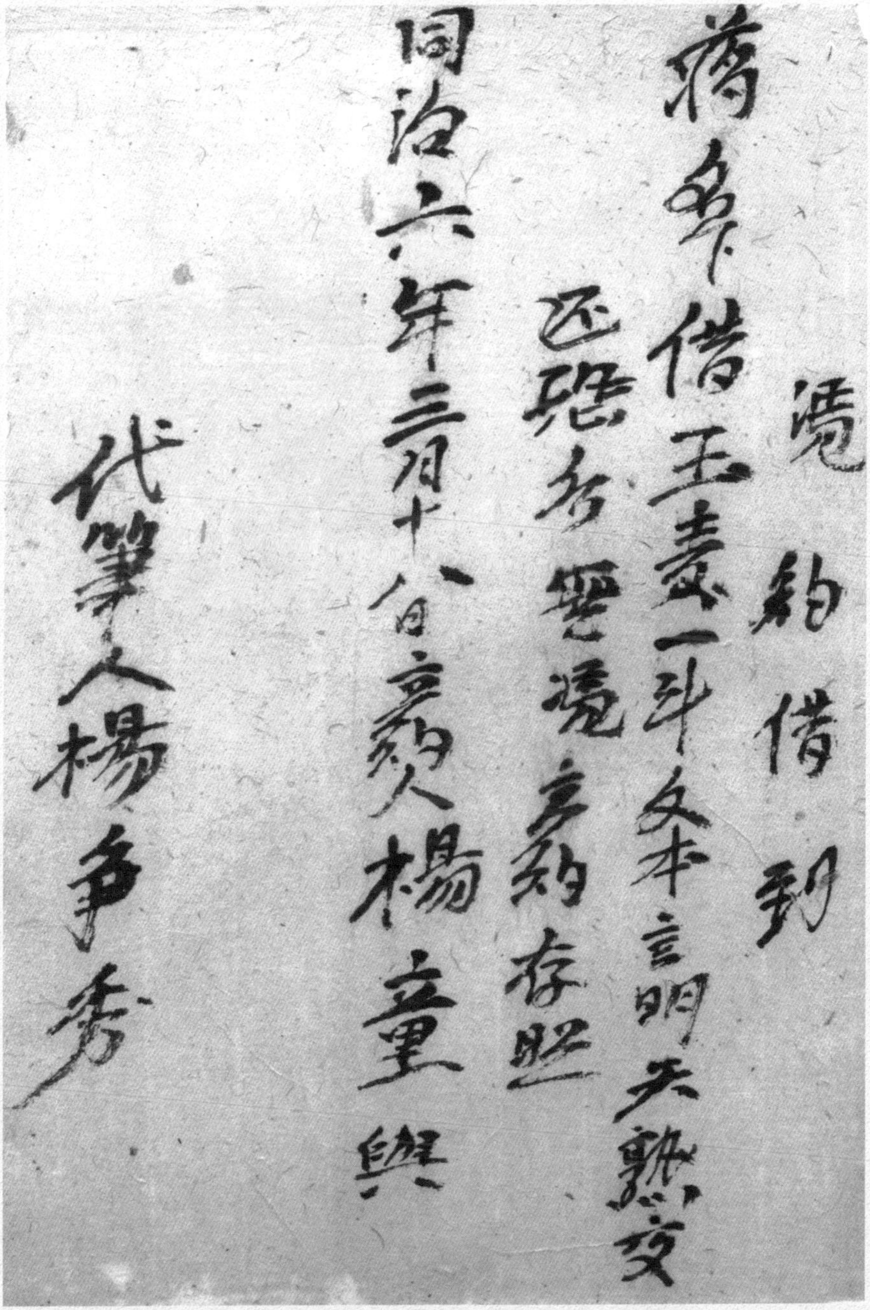
凭约借到
蒋名下借玉麦一斗，文本言明夏熟交
还，恐后無凭，立约存照。
同治六年三月十八日立约人楊童興
代笔人楊争秀

录文：

凭约借到

蒋名下借玉麦一斗文本，言明天熟交还，恐后无凭，立约存照。

同治六年三月十八日

立约人　　杨童兴

（背面）

代笔人　　杨争秀

24. 同治六年十一月初六日蒋文玉立借麦豆约

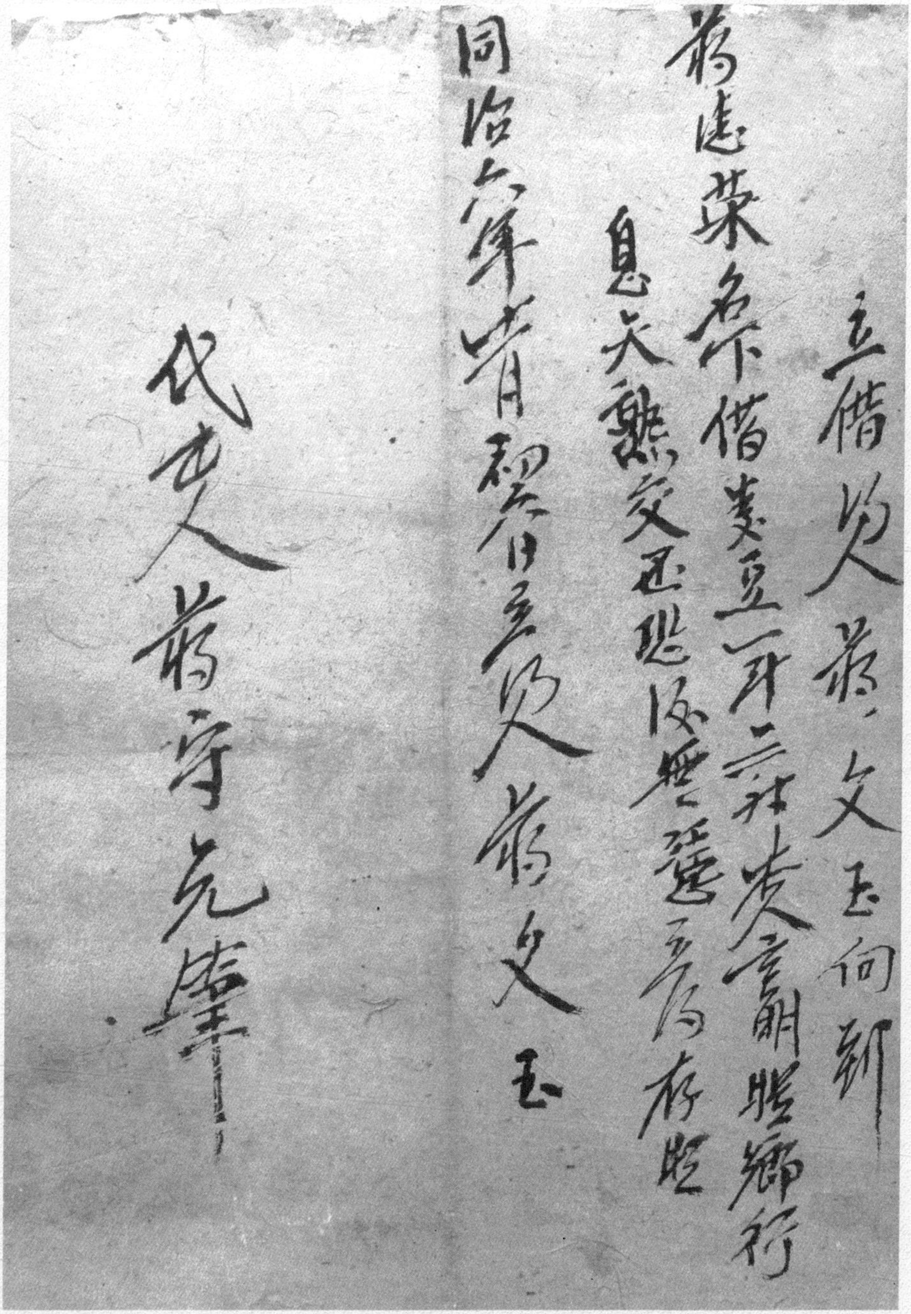

立借约人蒋文玉向新
蒋遠荣名下借麦豆一斗二升，麦言明照乡行
息，秋熟交还，恐后无凭，立约存照
同治六年十一月初六日立约人蒋文玉
代书人蒋守先笔

录文：

（正面）

立借约人蒋文玉向到蒋德荣名下借麦豆一斗三升，本人言明照乡行息，天熟交还，恐后无凭，立约存照。

同治六年十一月初六日

立约人　　蒋文玉

（背面）

代书人　　蒋守元　笔

25. 同治七年五月十六日蒋四海立借钱约

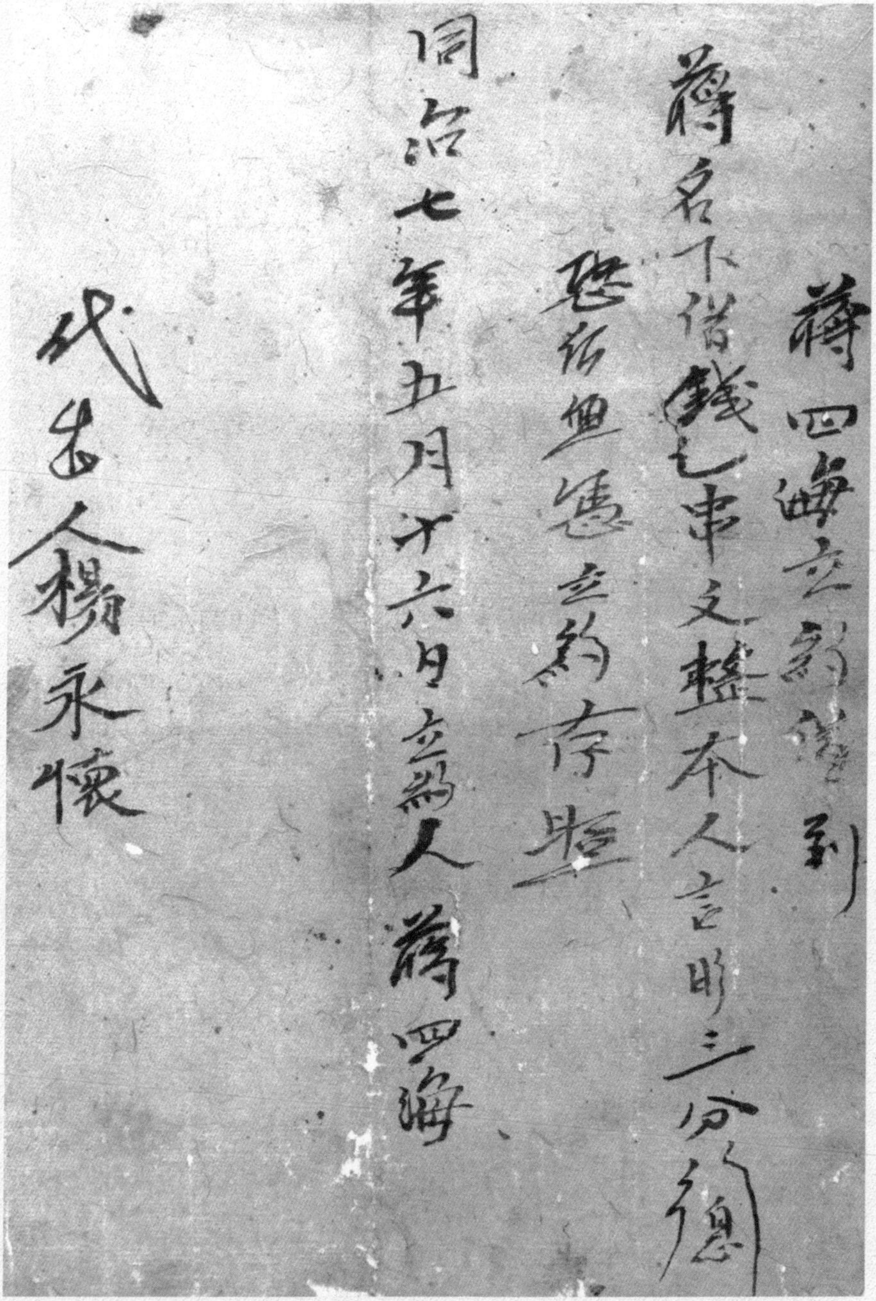
蒋四海立約借到
蒋名下借錢七串文整本人言明三分行息
恐后無憑立約存照
同治七年五月十六日立約人蒋四海
代书人楊永懷

录文：

（正面）

蒋四海立约借到蒋名下借钱乙串文整，本人言明三分行息，恐后无凭，立约存照。

同治七年五月十六日

立约人　　蒋四海

（背面）

代书人　　杨永怀

26. 同治八年四月初九日蒋发魁立借麦约

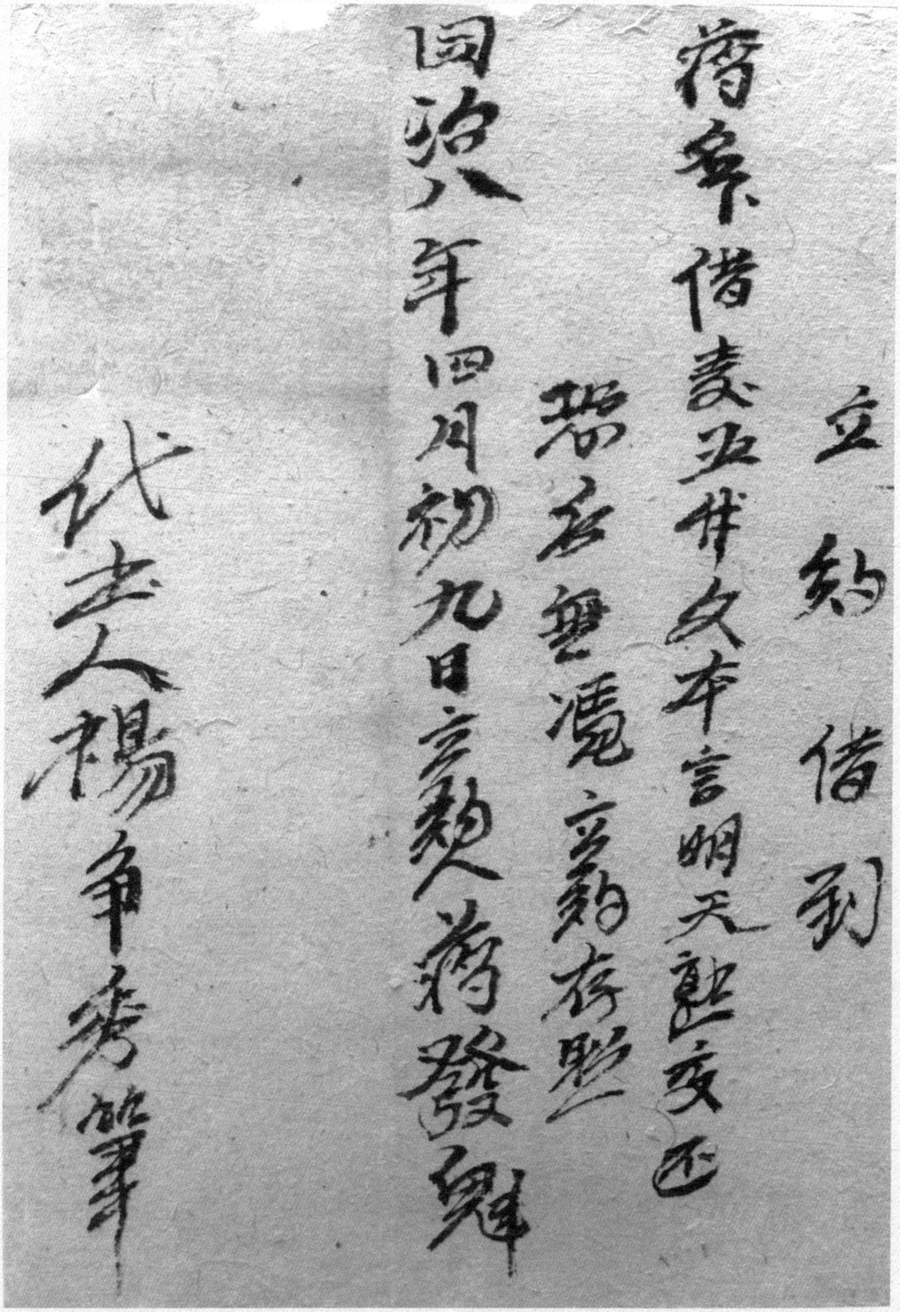

立約借到
蒋家下借麦五升，文本言明，天起交還。
恐后無憑，立約存照。
同治八年四月初九日立約人蒋發魁
代書人楊争秀筆

录文：

（正面）

立约借到

蒋名下借麦五升文本，言明天熟交还，恐后无凭，立约存照。

同治八年四月初九日

立约人　　蒋发魁

（背面）

代书人　　杨争秀　笔

27. 同治八年四月廿五日蒋生泰立借麦豆约

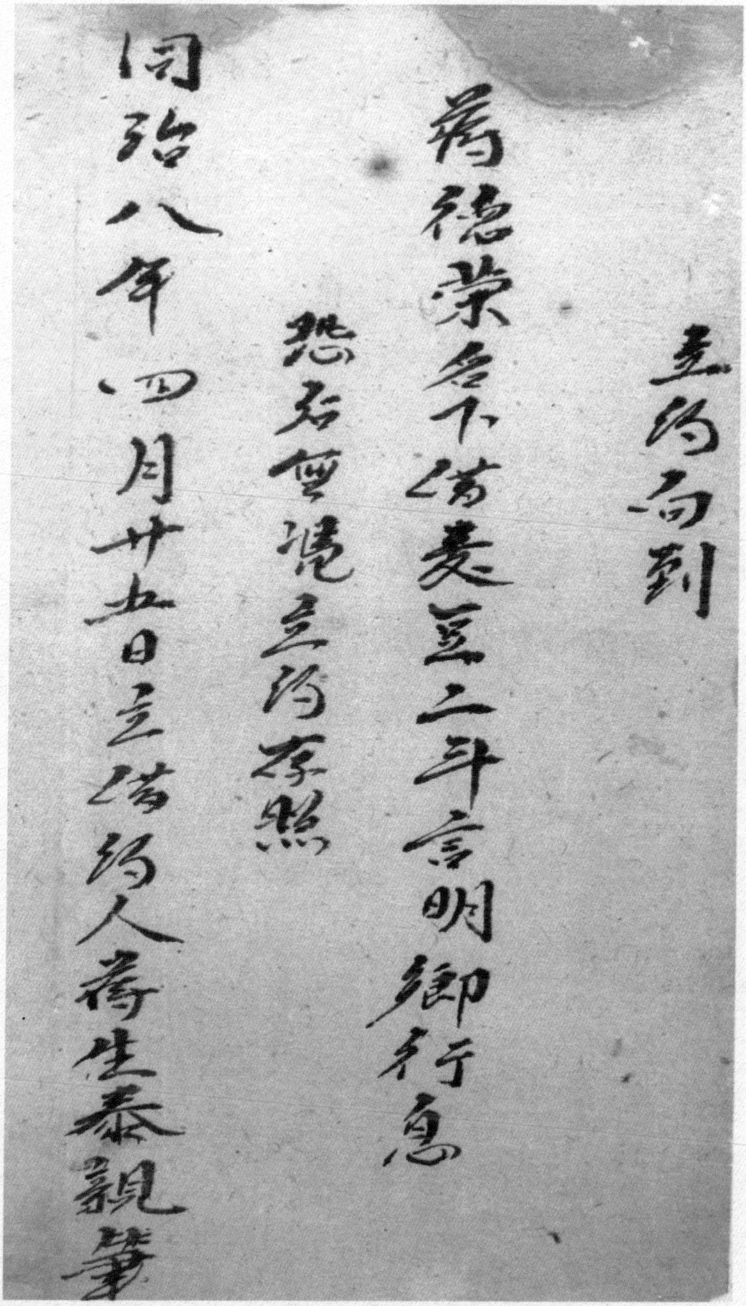

立約為劄
蔣德榮名下借麥豆二斗言明鄉行息
恐后無憑立約存照
同治八年四月廿五日立借約人蔣生泰親筆

录文：

立约向到

蒋德荣名下借麦豆二斗，言明乡行息，恐后无凭，立约存照。

同治八年四月廿五日

立借约人　　蒋生泰　亲笔

28. 同治九年二月十一日蒋随魁立借小麦约

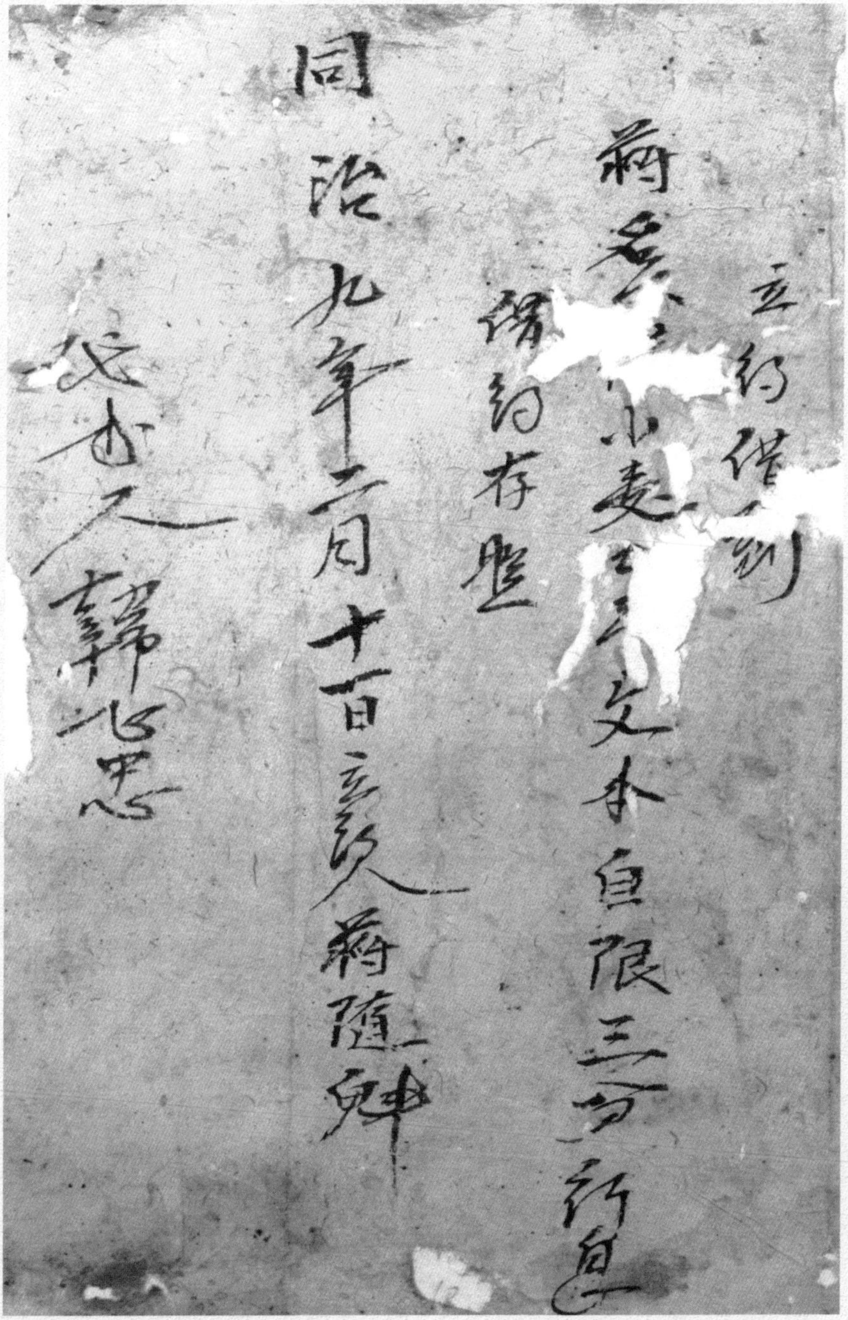

录文：

（正面）

立约借到

蒋名下□小麦□斗文本，自限三分行息，借约存照。

同治九年二月十一日

立约人　　蒋随魁

（背面）

代书人　　韩正忠

29. 同治九年十二月二十五日蒋富豆子立当地约

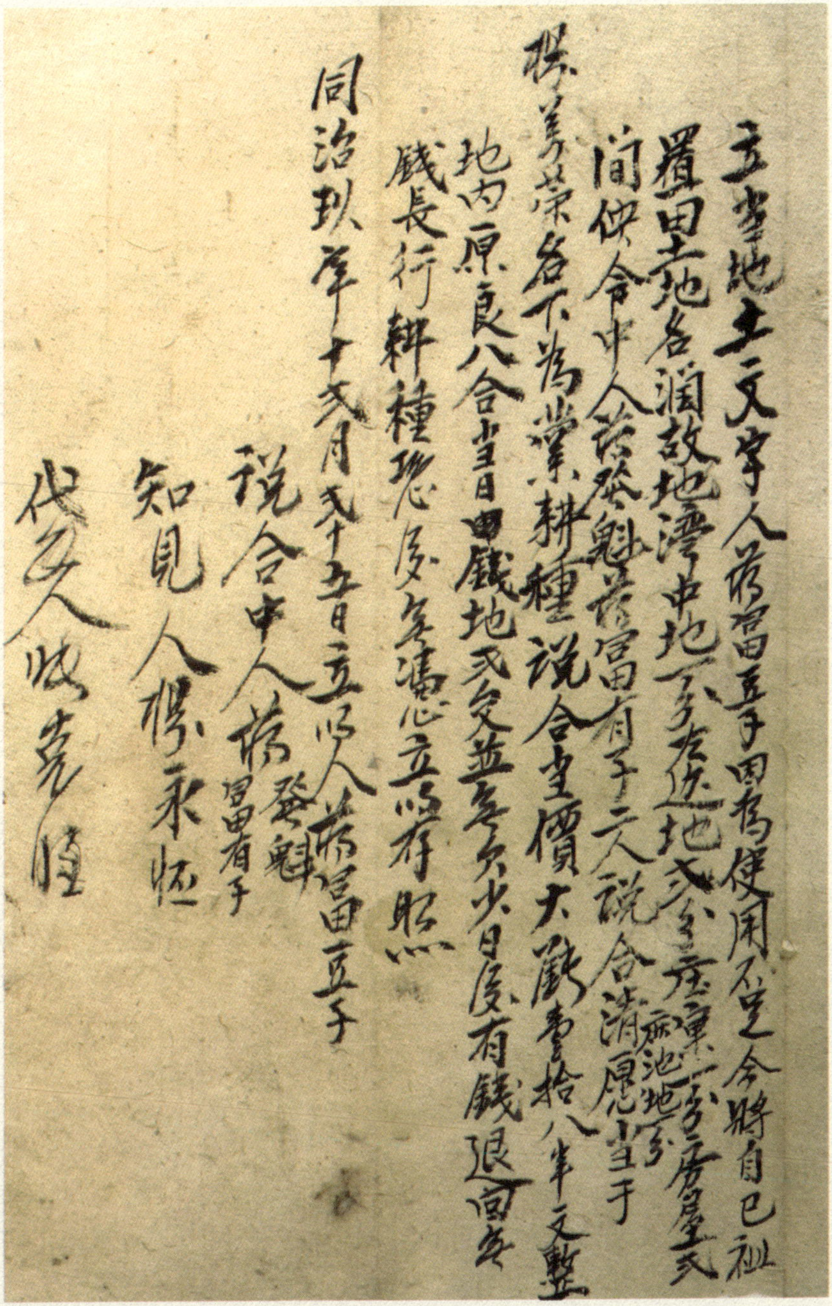

立当地土文字人蒋富豆子，因为使用不足，今将自己祖
置田土地名涧故地湾中地一分，左边地二分，庄窠一所，砾池地一分，房屋二
间，俱合中人蒋登魁、蒋富有子二人说合，情愿当于
杨姜荣名下为业耕种，说合当价大钱壹拾八串文整，
地内原良八合，当日出钱地二交，并无欠少，日后有钱退回，无
钱长行耕种，恐后无凭，立此存照。
同治玖年十二月二十五日立当人蒋富豆子
说合中人蒋登魁 蒋富有子
知见人杨永恒
代字人张尧隆

录文：

（正面）

立当地土文字人蒋富豆子，因为使用不足，今将自己祖置田土，地名润故地湾中地一分，左边地二分，庄窠（即庄基、宅基）（麻池地一分）一分，房屋二间，佚令中人蒋登魁、蒋富有子二人说合，清（情）愿当于杨美荣名下为业耕种，说合当价大钱一十八串文整，地内原良（粮）八合，当日钱地弍交，并无欠少，日后有钱退还，无钱长行耕种，恐后无凭，立约存照。

（背面）

同治九年十弍月弍十五日

立约人　　蒋富豆子

说合中人　　蒋登魁　蒋富有子

知见人　　杨永恒

代书人　　张克胜

30. 同治九年十二月廿五日蒋富豆子立借钱约

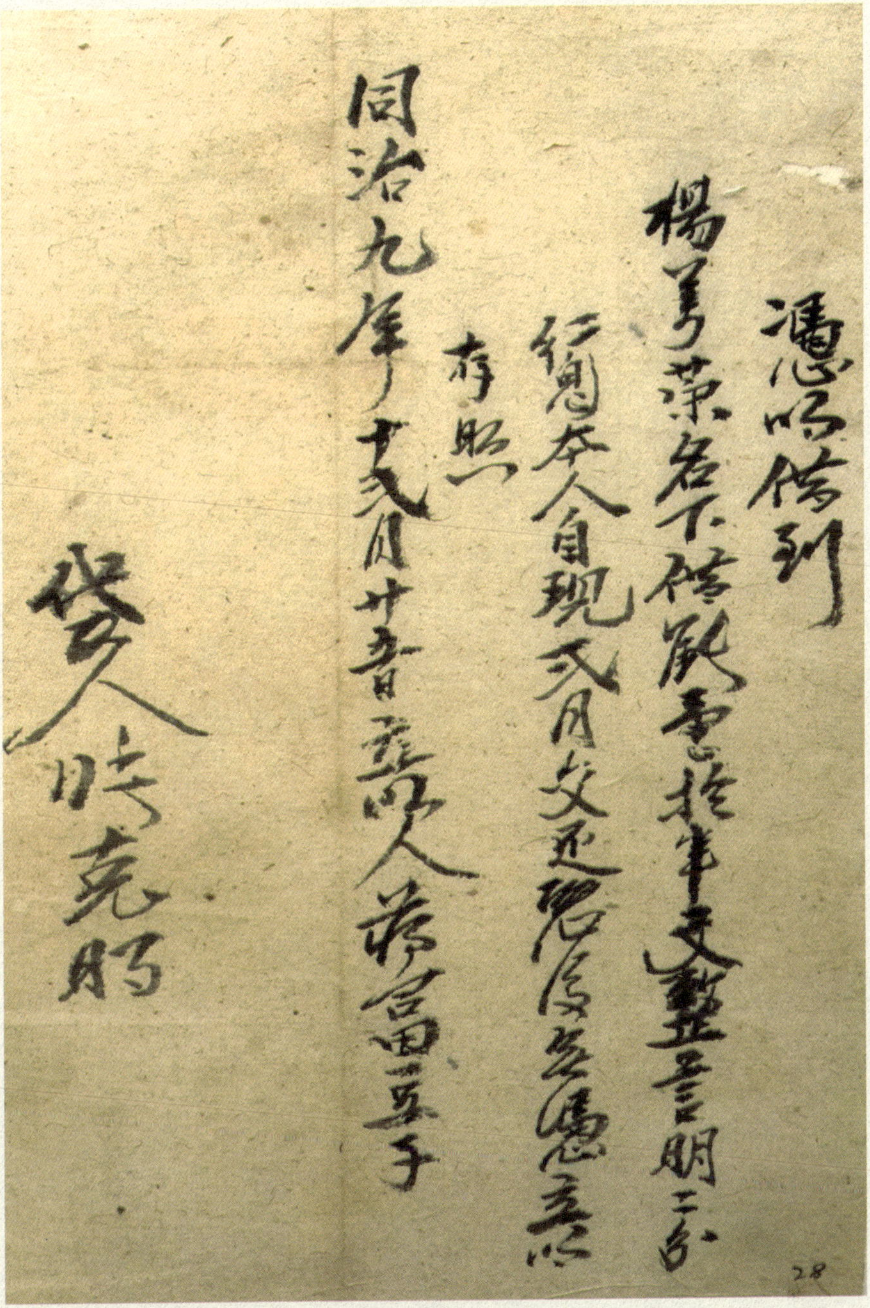
凭叩借到
杨万荣名下借钱壹拾串文整，言明二分
行息，本人自限[illegible]月交还，恐后无凭，立
存照
同治九年十二月廿五日立借人蒋富豆子
中人 陈克明

录文：

（正面）

凭约借到

杨善荣名下借钱一十串文整，言明二分行息，本人自现二月交还，恐后无凭，立约存照。

同治九年十二月廿五日

（背面）

立约人　　蒋富豆子

代书人　　张克胜

31. 光绪三年十月十四日蒋生春立借约

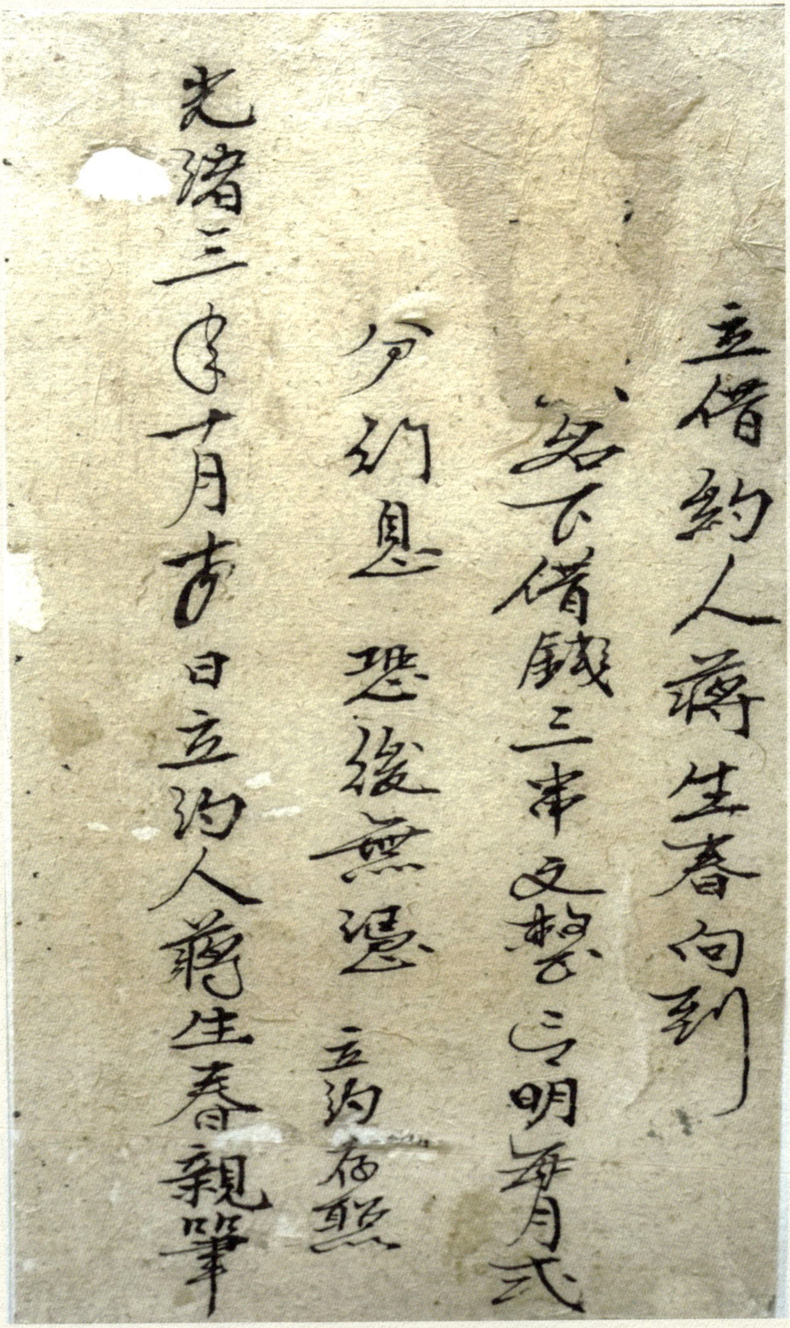

立借約人蔣生春向到
名下借錢三串文整，言明每月弍
分行息，恐後無憑，立約存照。
光緒三年十月十四日立約人蔣生春親筆

录文：

立借约人蒋生春向到

□□□名下借钱二串文整，言明每月二分行息，恐后无凭，立约存照。

光绪三年十月十四日

立约人　　蒋生春　亲笔

32. 光绪九年十二月蒋德荣立借约

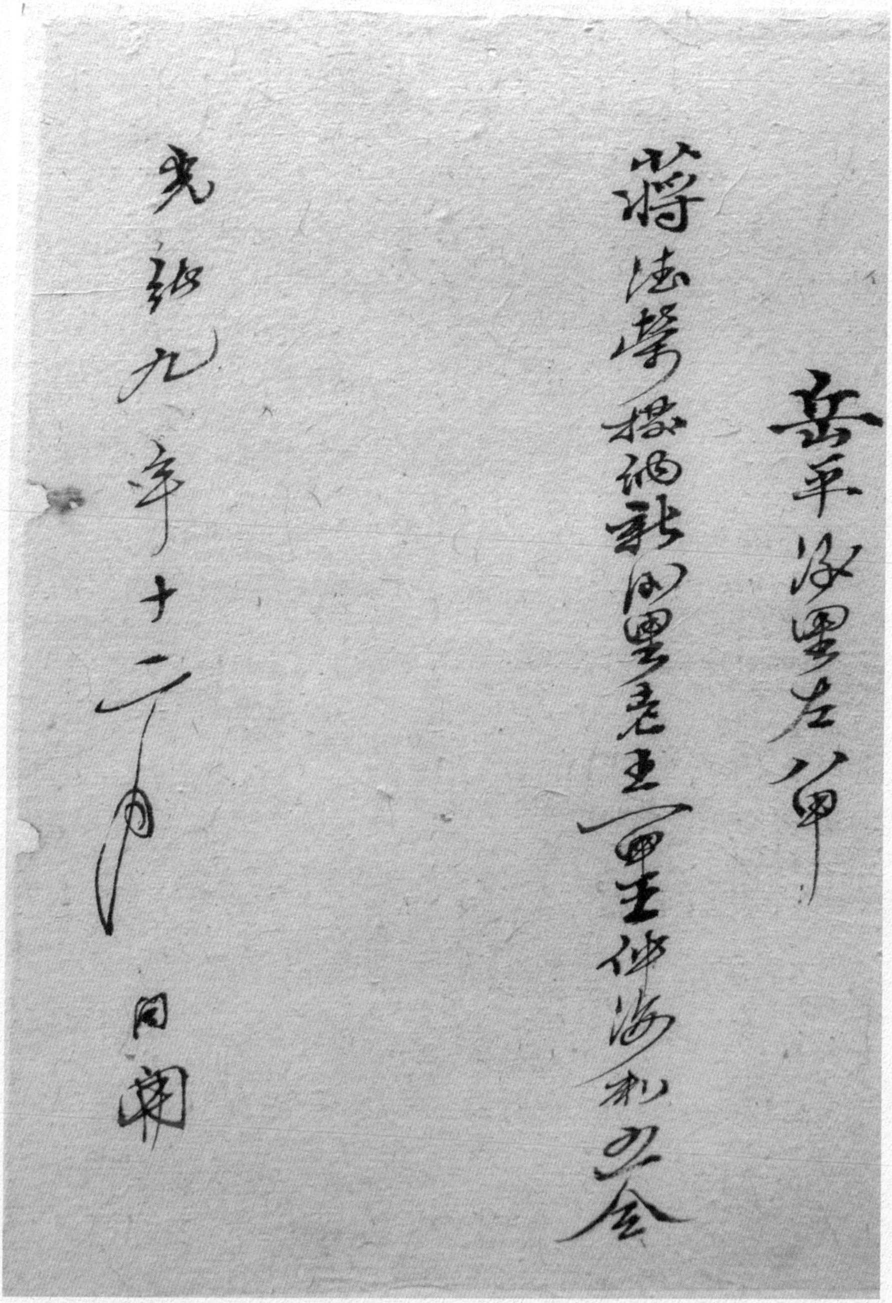

岳平凉里右八甲

蒋德荣揭借新田里老王一甲王仲海孔圣会

光绪九年十二月　日開

录文：

（正面）

岳平后里左八甲

蒋德荣据纳新沟里老王一甲王仲海制立合

（背面）

光绪九年十二月　同开

33. 光绪十二年八月二十八分单

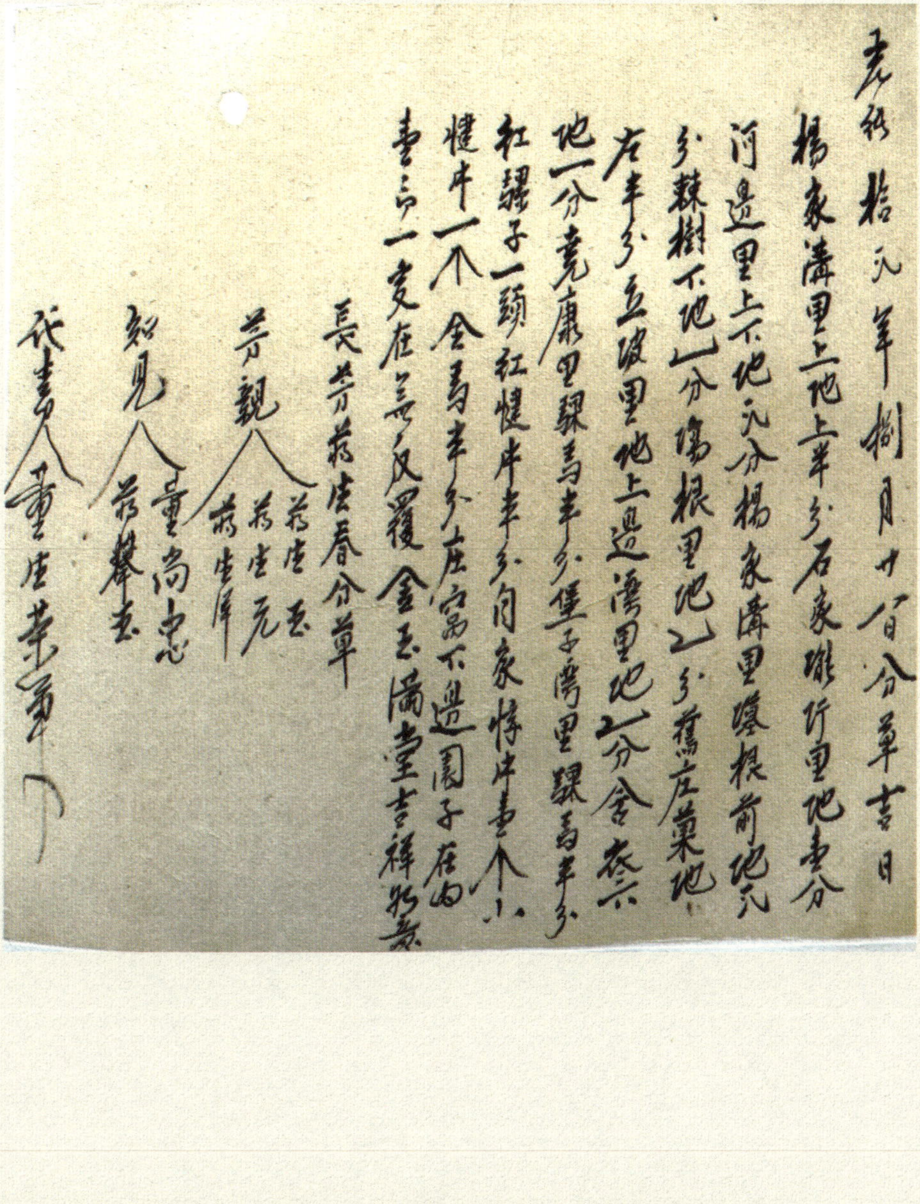
光緒拾弍年捌月廿八日分單吉日
楊家溝里上地上半分石家墩圻里地壹分
河邊里上下地弍分楊家溝里壕根前地弍
分蘇樹下地一分塲根里地二分舊庄菓地
右半分立坡里地上邊溝里地二分舍叁六
地一分竟康里騾焉半分堡子灣里騾焉半分
紅騾子一頭紅犍牛半分自家特牛壹个小
犍牛一个全焉半分庄窩下邊園子在內
壹分一支在每人反覆全玉滿堂吉祥如意
長房蒋生春分單
房親 蒋生玉 蒋生元 蒋生库
知見 董尚忠 蒋攀玉
代書 董生荣 筆

录文：

（正面）

光绪十二年八月廿八日分（家）单　吉日

杨家沟里上地上半分，石家塄　里地一分，河边里上下贰分，杨家沟里墓根（跟）前地二分，棘树下地乙分，场根（跟）里地乙（一）分，旧庄果（窠）地左半分，立坡里地上边湾里地乙分，舍衣六地一分，尧康里骒（母）马半分，堡子湾里骒马半分，红骡子一头，红犍（公）牛半分，自家惇（母）牛一个，小犍牛一个，全马半分，庄窝下边园子在内一言一交，再无反覆，金玉满堂，吉祥如意。

（背面）

长芳（房）　蒋生春　分单

芳（房）亲人　蒋生玉　蒋生元　蒋生祥

知见人　　董尚忠　蒋攀玉

代书人　　董书人　笔

34. 光绪十三年十一月二十五日马举清、蒋张玉清立借钱约

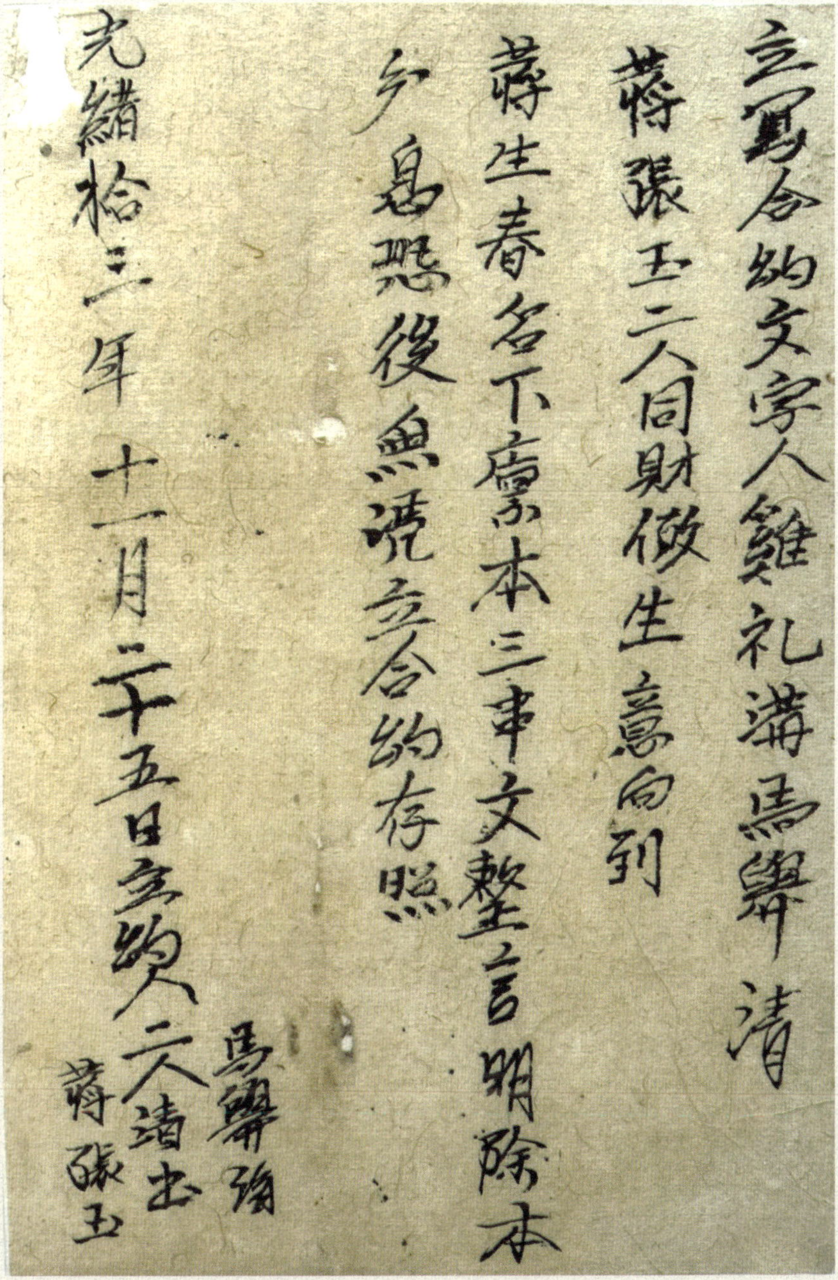
立寫合約文字人雞礼满馬舉清
蒋張玉二人同財做生意向到
蒋生春名下廪本三串文整言明除本
分息恐後無憑立合約存照
光緒拾三年十一月二十五日立約人二人請出
馬舉清
蒋張玉

录文：

（正面）

立写合约文字人鸡礼沟马举清、蒋张玉二人同财做生意，向到蒋生春名下廪本三串文整，言明除本乡息，恐后无凭，立合约存照。

（背面）

光绪十三年十一月二十五日

立约人　　马举清　蒋张玉　二人　清（亲）书

35. 光绪十三年十二月二十五日马举海、蒋张玉借钱约

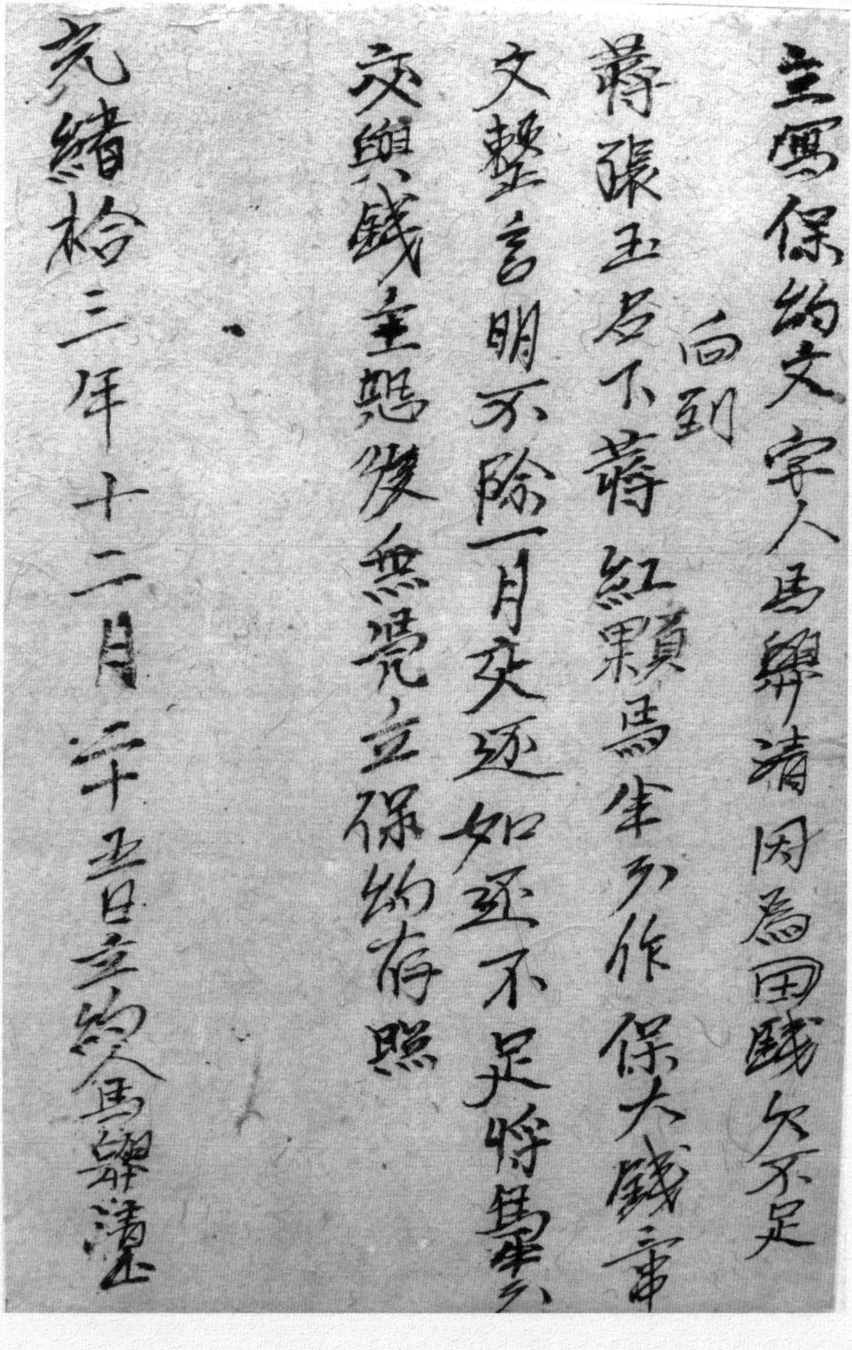

立寫保約文字人馬舉清因為田錢欠不足
向到
蔣張玉名下蔣紅顆馬半分作保大錢壹串
文整言明不除一月交还如還不足將馬舉[illegible]
交與錢主照後無憑立保約存照
光緒拾三年十二月二十五日立約人馬舉清

录文：

（正面）

立写保约文字人马举清，因为田/钱欠不足，向到蒋张玉名下蒋（将）红颗（母）马半分作保大钱三串，文正言明，不除（出）一月交还，如还不足，将马半分交与钱主。恐后无凭，立保约存照。

（背面）

光绪十三年十二月二十五日

立约人　马举清　书

36. 光绪十三年腊月廿九日尚德俊借玉麦书

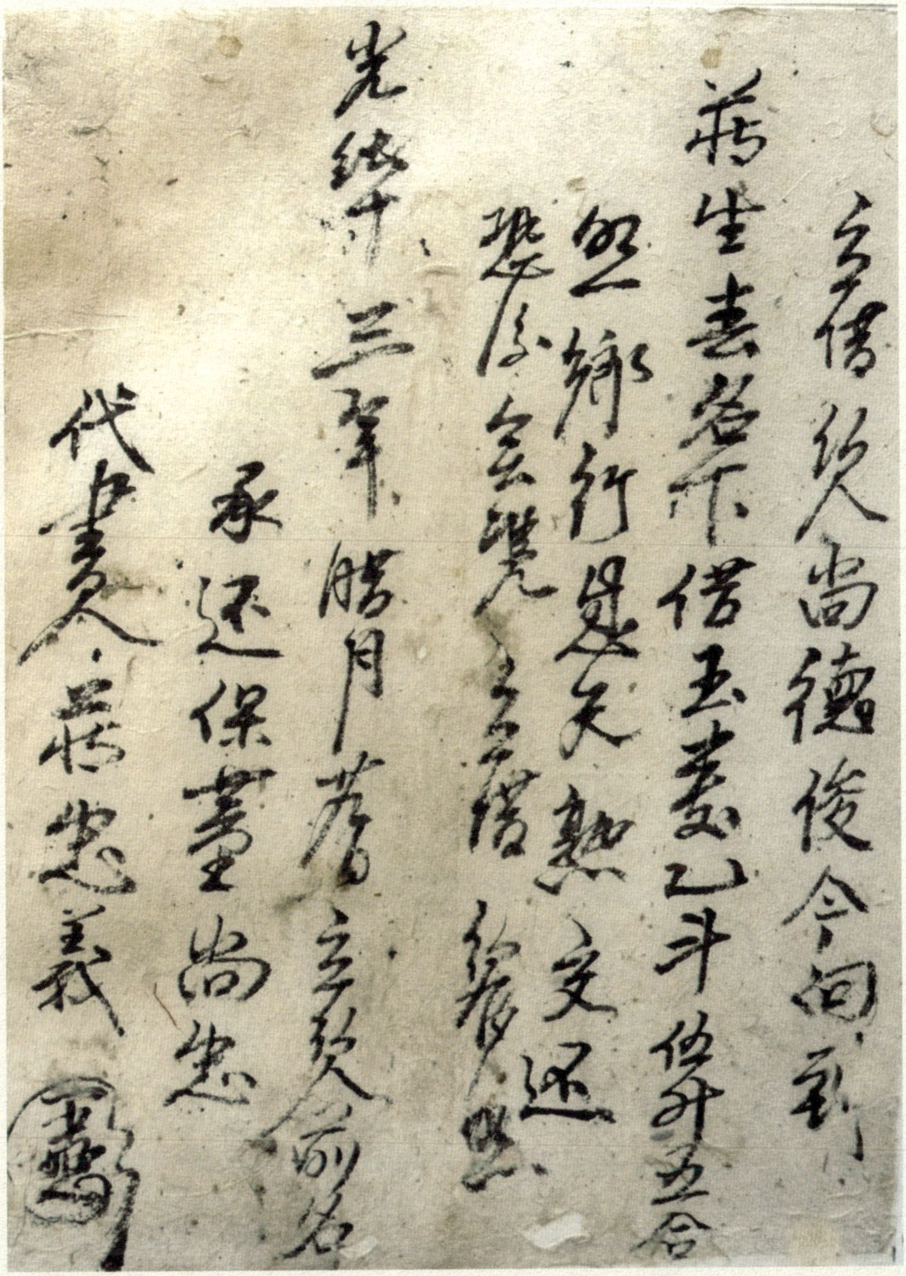

立借约人尚德俊今向到
蒋生春名下借玉麦乙斗伍升五合
照乡行息，来年熟交还
恐后无凭，立借约为照。
光绪十三年腊月廿九日立约人
承还保人尚忠
代书人吴忠义

录文：

（正面）

立借约人尚德俊，今向到蒋生春名下借玉麦乙（一）斗伍升五合，照乡行息，天熟交还。恐后无凭，立借约存照

（背面）

光绪十三年腊月廿九日　立约人前名

承还保　　董商忠

代书人　　蒋忠义

37. 光绪十六年九月十六日张县周等立凭据

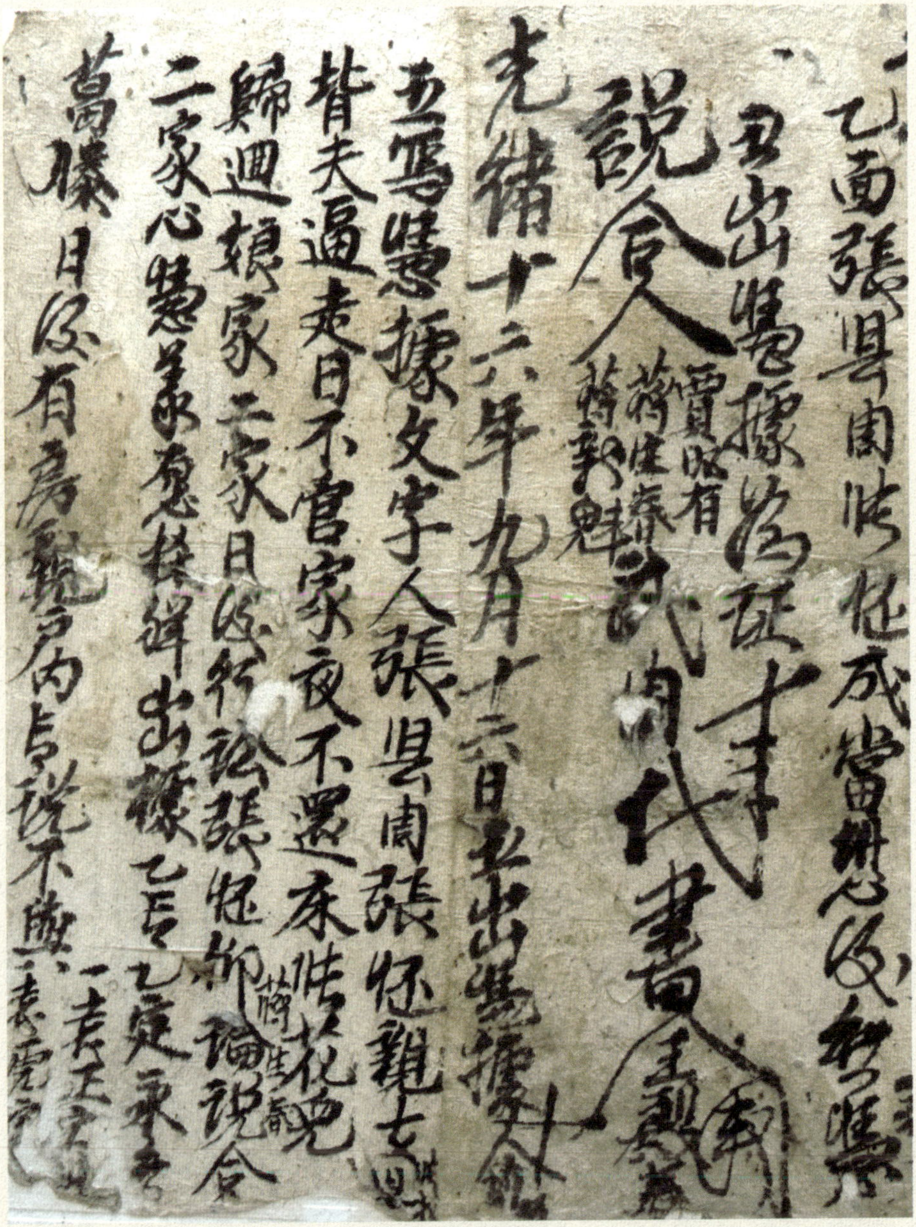
乙面張県周[illegible]成當[illegible]以[illegible]
立出凴據為證十字
說合人 賈昭有 蔣生春 蔣郭魁 [illegible] 內代書 [illegible]
光緒十六年九月十六日立出凴據人[illegible]
立寫凴據文字人張県周張怌雞女[illegible]
替夫逼走日不[illegible]家夜不還來[illegible]花兒
歸迴娘家二家日後行訟張怌[illegible] 蔣生春 論說合
二家心[illegible]出據 乙長 乙定永[illegible]
葛[illegible]日後有房[illegible]內[illegible]不[illegible] 一表[illegible]

录文：

（正面）

立写凭据文字人张县周、张怀亲女，背（被）夫逼走，日不官（管）家，夜不还床，张花儿归回娘家，二家日后行讼，张怀仰蒋生春论说合二家，心凭情愿杀羊出据乙（一）言乙（一、以、为）定，永无葛藤（瓜葛），日后有房亲户内后说不与袁正□、袁虎□

（背面）

乙（一）面张县周、张怀还成当，恐后无凭，立写凭据为证。

说合人　　贾昭有　蒋生春　蒋新奎

代书人　　王殿春

光绪十六年九月十六日　立出凭据人□□□

38. 光绪十六年腊月初四日张仁魁借粮约

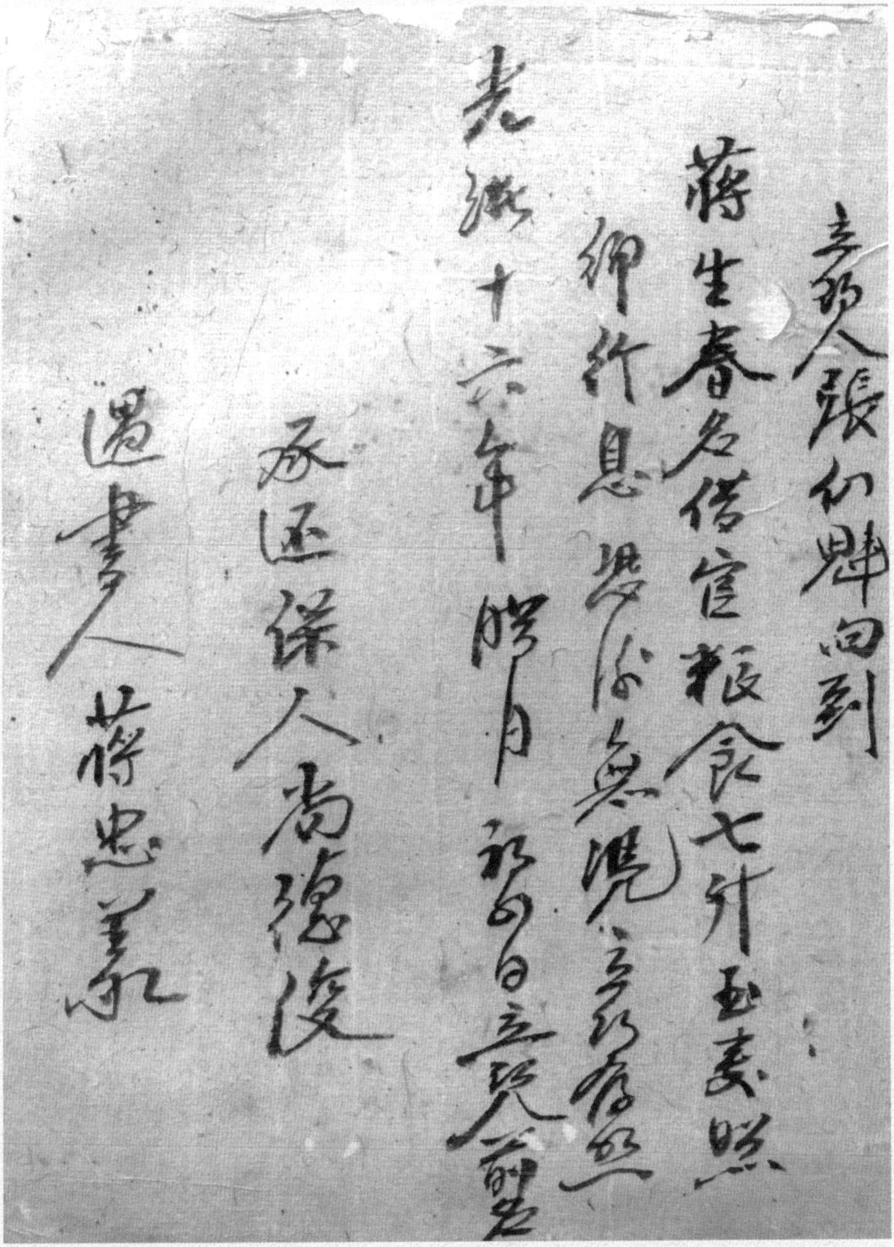

立約人張仁魁因到
蔣生春名借官粮食七升玉麦照
鄉行息恐後無憑立約存照
光緒十六年臘月初四日立約人[illegible]
承还保人尚德俊
過書人蔣忠義

录文：

（正面）

立约人张仁魁向到

蒋生春名借官粮食七升玉麦，照乡行息，恐后无凭，立约存照。

光绪十六年腊月初四日

立约人　　前名

（背面）

承还保人　　尚德俊

过书人　　蒋忠义

39. 光绪十六年腊月廿八日尚德俊立借玉麦约

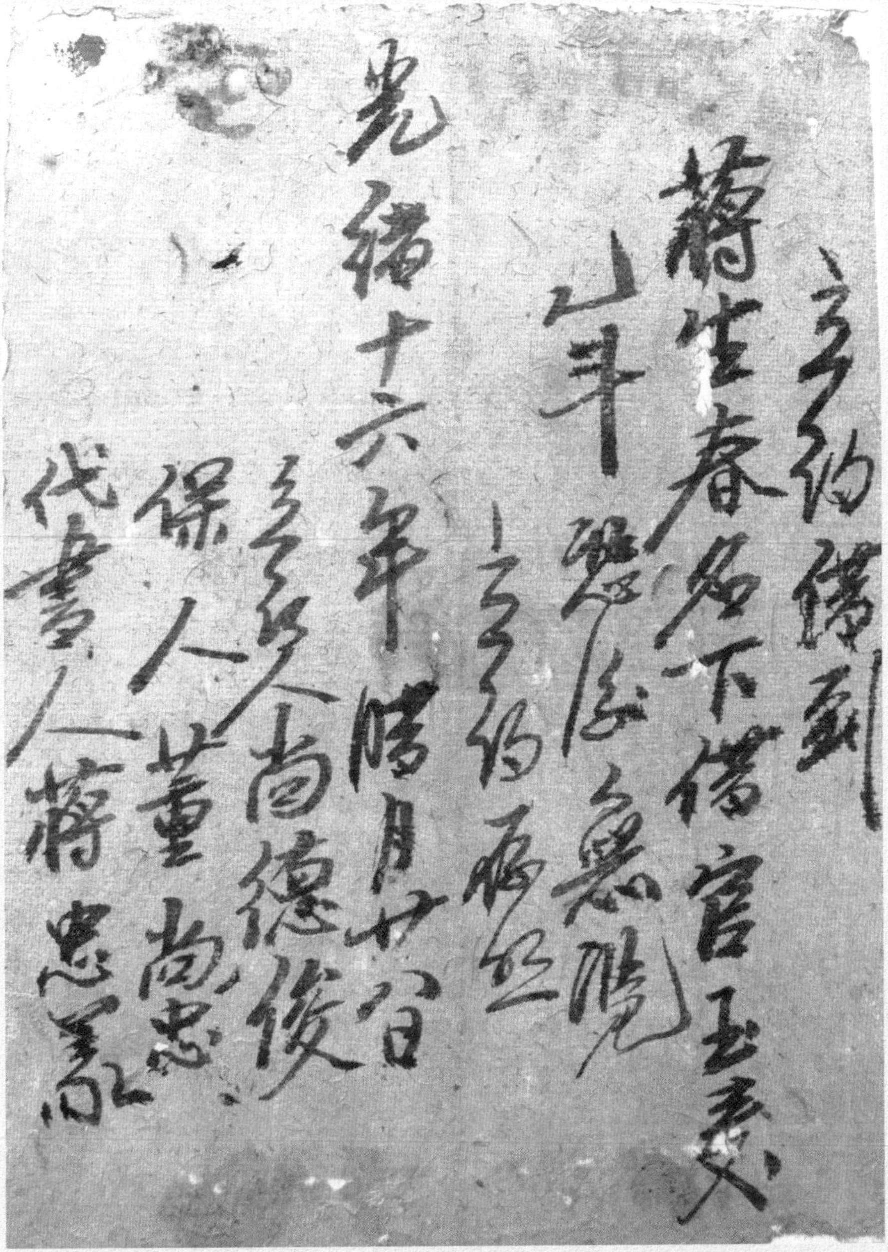

立约借到
蒋生春名下借官玉麦大
七斗照依息赔
立约为证
光绪十六年腊月廿八日
立约人尚德俊
保人董尚忠
代书人蒋忠义

录文：

（正面）

立约借到

蒋生春名下借官玉麦乙（一）斗，恐后无凭，立约存照。

（背面）

光绪十六年腊月廿八日

立约人　　尚德俊

保　人　　董尚忠

代书人　　蒋忠义

40. 光绪十六年十二月廿九日蒋生春借钱约

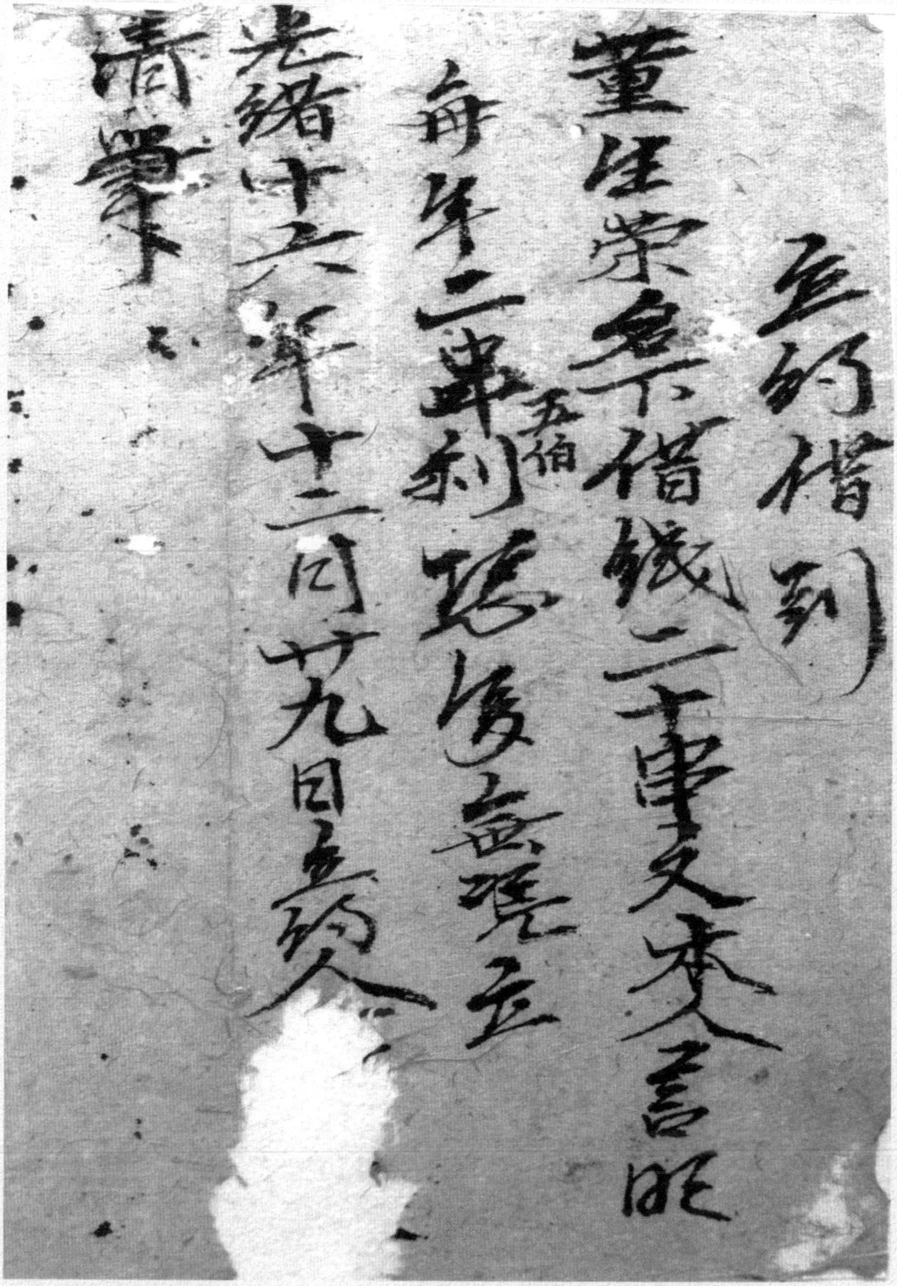

立约借到
董生荣名下借钱二十串文，当人言明
每年二串五佰利，恐后无凭立
光绪十六年十二月廿九日立约人
清筆下

录文：

（正面）

立约借到

董生荣名下借钱二十串文，本人言明，每年二串五百利，恐后无凭，立。

光绪十六年十二月廿九日

立约人□□□

（背面）

清（亲）笔

41. 光绪十七年四月二十二日蒋生太立卖水磨约

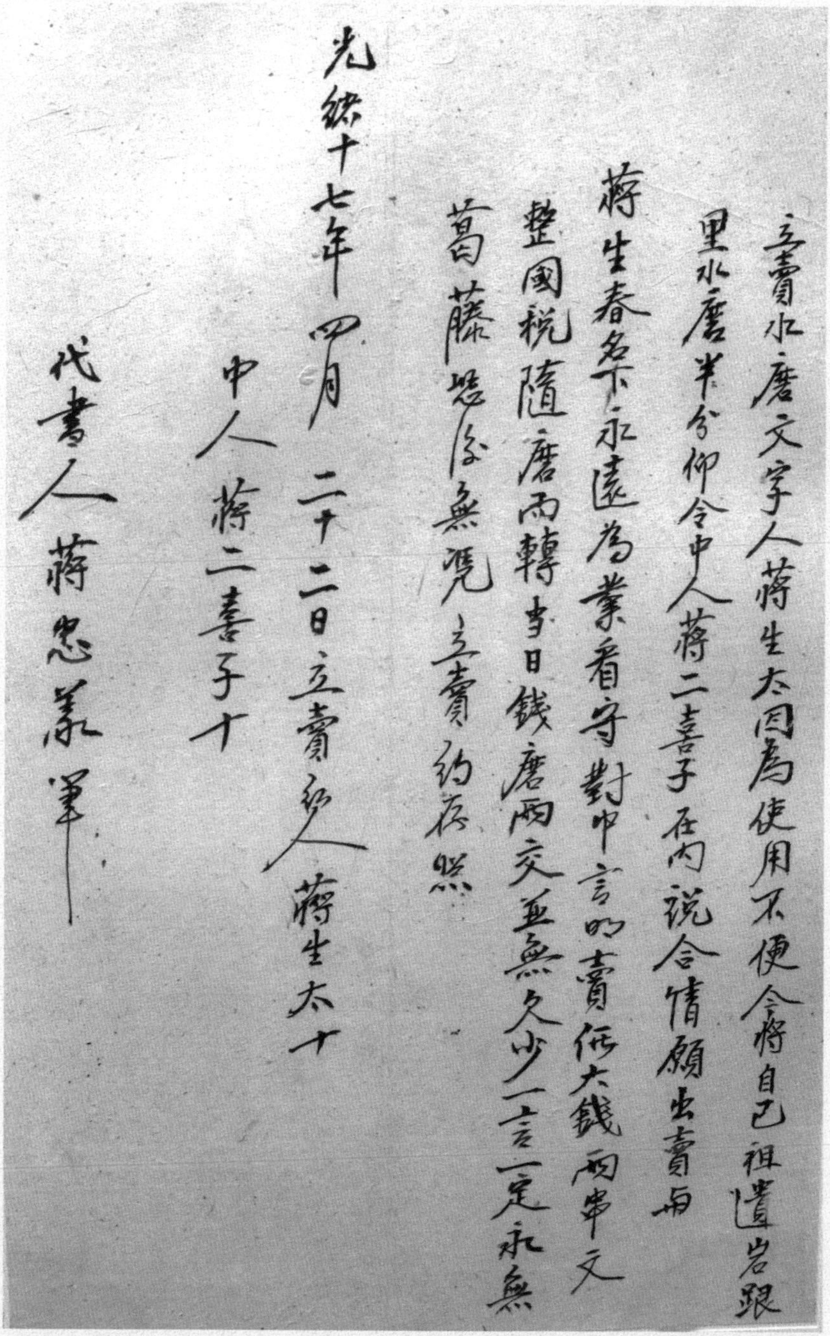
立賣水磨文字人蔣生太因為使用不便今將自己祖遺岩跟
里水磨半分仰令中人蔣二喜子在內說合情願出賣與
蔣生春名下永遠為業看守對中言明賣價大錢兩串文
整國稅隨磨兩轉每日錢磨兩交並無欠少一言一定永無
葛藤恐後無憑立賣約存照

光緒十七年四月二十二日立賣約人蔣生太十

中人蔣二喜子十

代書人蔣忠義筆

录文：

（正面）

立卖水磨文字人蒋生太，因为使用不便，今将自己祖遗岩跟里水磨半分，仰令中人蒋二喜子在内说合，情愿出卖与蒋生春名下永远为业看守，对中言明，卖价大钱两串文整，国税随磨而转，当日钱磨两交，并无欠少，一言一（为）定，永无葛藤，恐后无凭，立卖约存照。

（背面）

光绪十七年四月二十二日

立卖约人　蒋生太

中　人　蒋二喜子

代书人　蒋忠义　笔

42. 光绪十七年六月廿七日罗守业立当地约

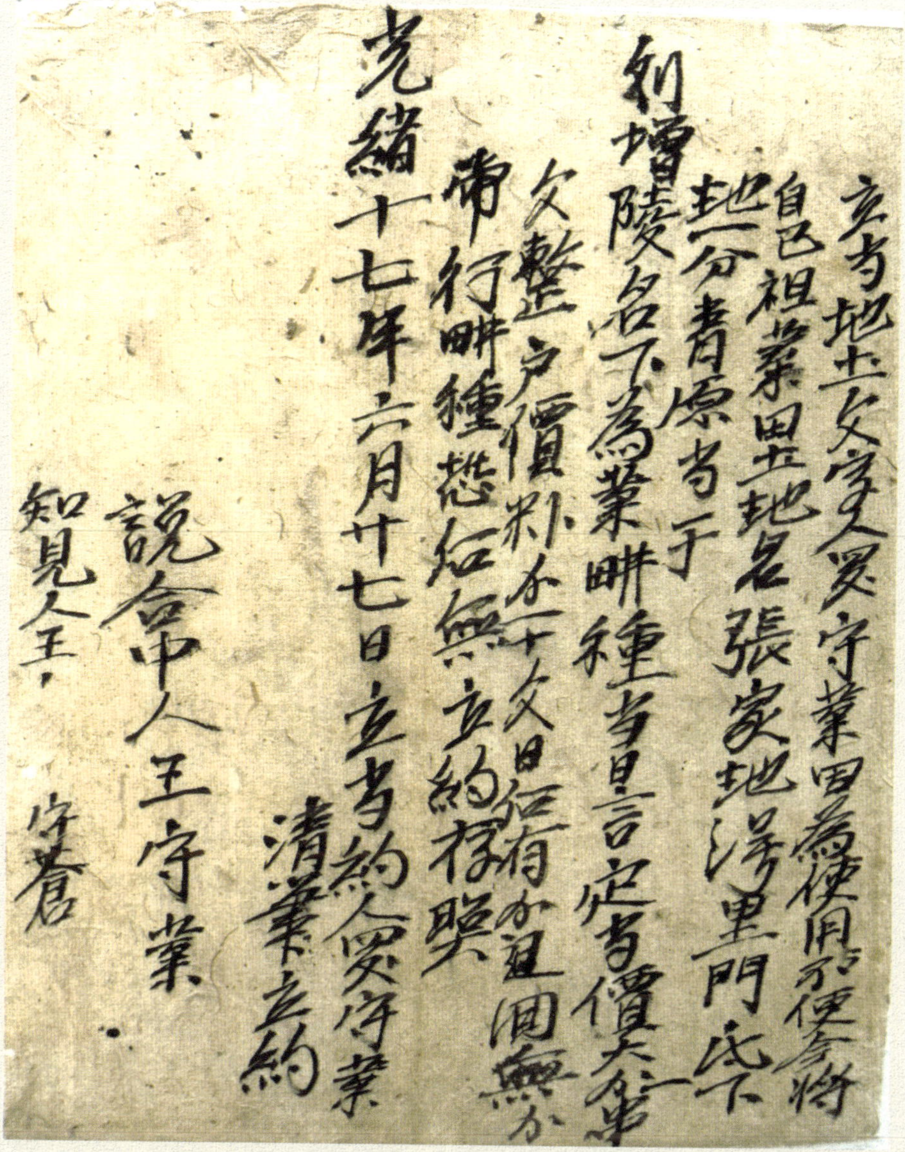

立當地土文字人羅守業，因爲使用不便，今將
自己祖業田地，地名張家地滂里門氏下
地一分，清原當于
劉增陵名下爲業耕種，當日言定當價大錢一
千文整，户價粮不一十文，日後有錢退回，無錢
常行耕種，恐後無憑，立約存照。

光緒十七年六月廿七日立當約人羅守業
清業立約
說合中人王守業
知見人王存蒼

录文：

（正面）

立当地土文字人罗守业，因为使用不便，今将自己祖业田土地名张家地沟里门底下地一分，青（情）愿当于刘增陵名下为业耕种，当日言定，当价大钱一串文整，户价补钱一十文，日后有钱退回，无钱常行畊种，恐后无（凭），立约存照。

（背面）

光绪十七年六月廿七日立

当约人　　罗守业　清（亲）笔立约

说合中人　　王守业

知见人　　王守苍

43. 光绪十七年七月廿四日蒋生春立借钱约

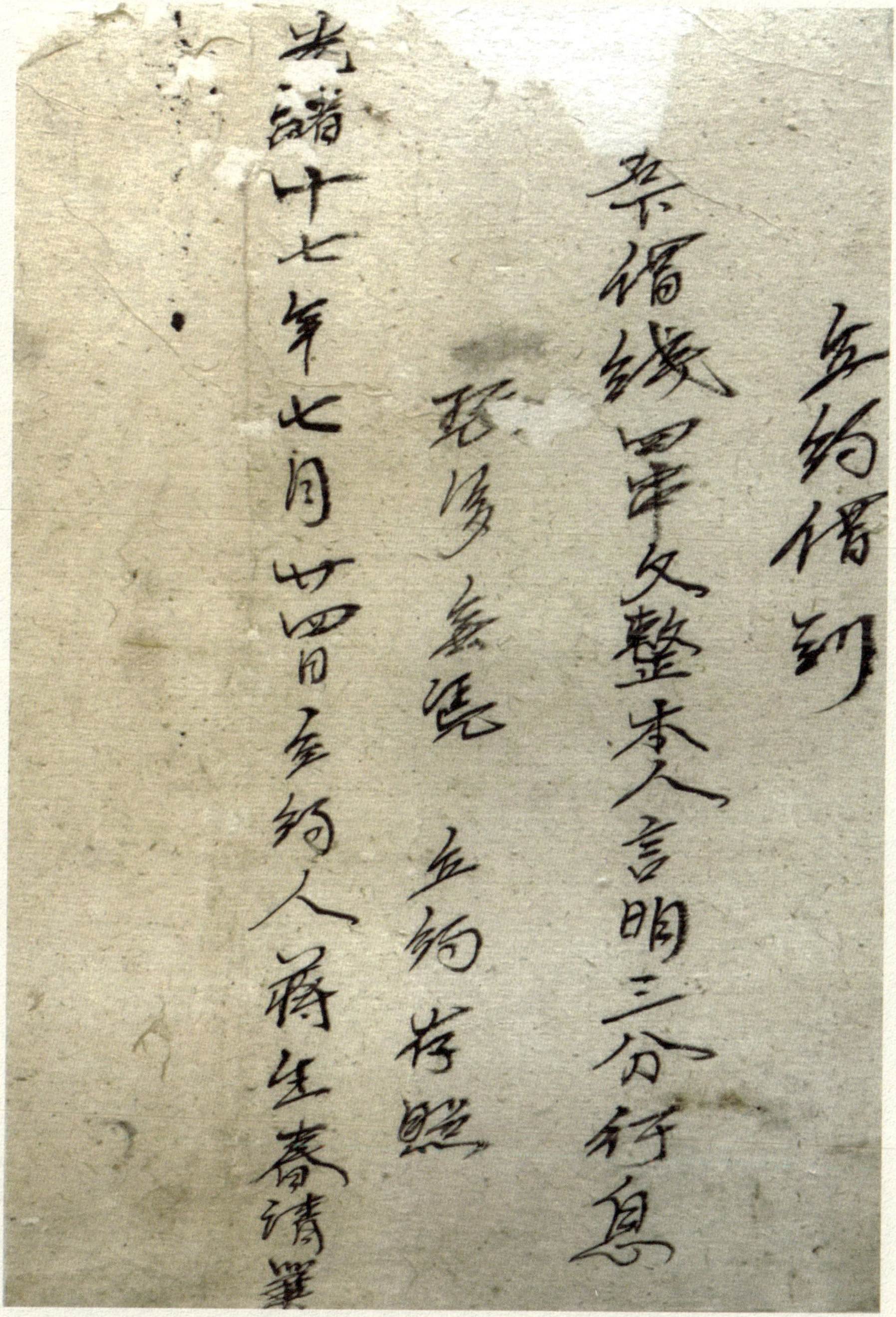
立约借到
亲借钱四串文整本人言明三分行息
恐后无凭
立约存照
光绪十七年七月廿四日立约人蒋生春请笔

录文：

立约借到

□□名下借钱四串文整，本人言明三分行息，恐后无凭，立约存照。

光绪十七年七月廿四日

立约人　　蒋生春　清（亲）笔

44. 光绪十七年至光绪二十一年杨生财、罗具财立借钱约

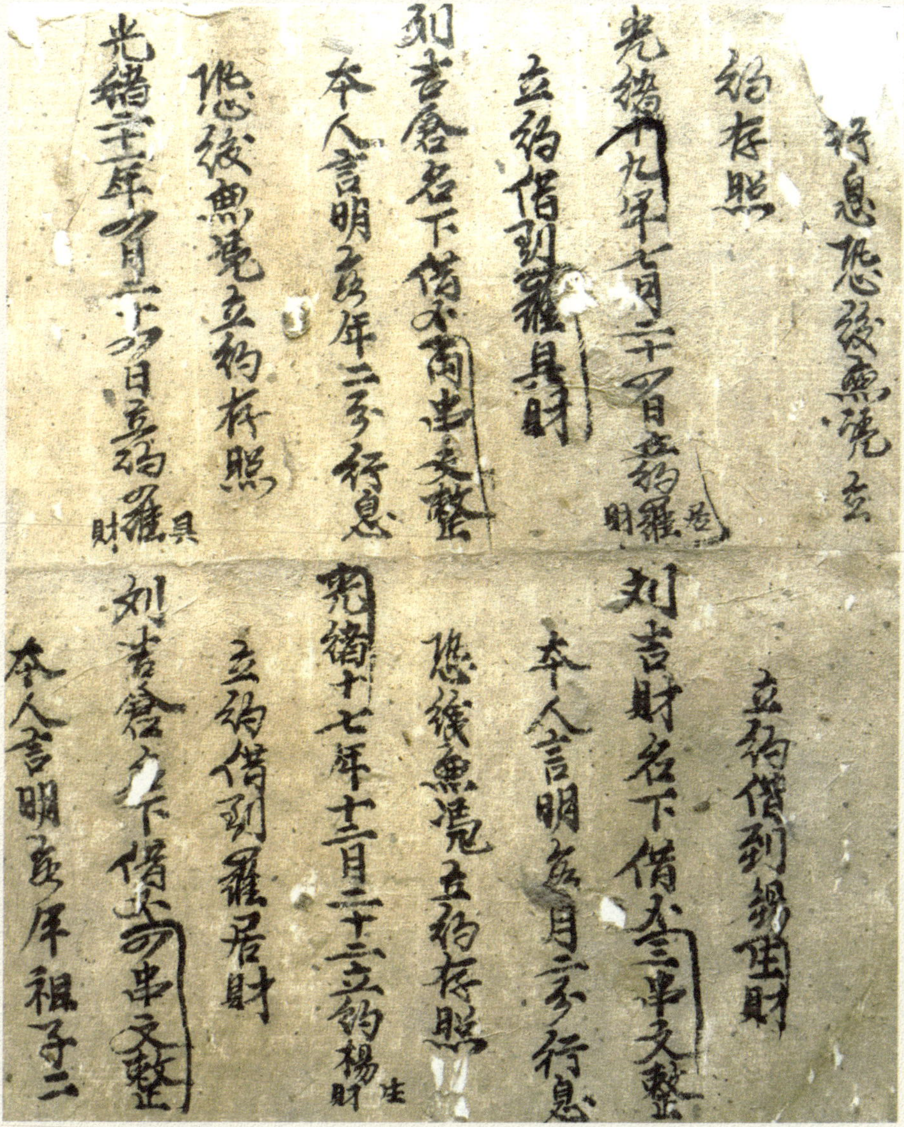
立約借到楊生財
劉吉財名下借本三串文整
本人言明每月二分行息
恐後無凴立約存照
光緒十七年十二月二十三立約楊生財
立約借到羅居財
劉吉倉名下借本[illegible]串文整
本人言明每年祖子二
行息恐後無凴立
約存照
光緒十九年十二月二十四日立約羅居財
立約借到羅具財
劉吉倉名下借本兩串文整
本人言明每年二分行息
恐後無凴立約存照
光緒二十一年四月二十四日立約羅具財

录文：

（正面）

立约借到杨生财、刘吉财名下借钱三串文整，本人言明每月二分行息，恐后无凭，立约存照。光绪十七年十二月二十二　立约（人）杨生财。

立约借到罗居财、刘吉仓名下四串文整，本人言明，每年

（背面续前页）祖（租）子二分行息，恐后无凭，立约存照。光绪十九年七月二十四日立约，罗居财，

立约借到罗具财、刘吉仓名下借钱两串文整，本人言明每年二分行息，恐后无凭，立约存照，光绪二十一年四月二十四日，立约　罗具财。

45. 光绪十八年四月廿日蒋生春立借钱约

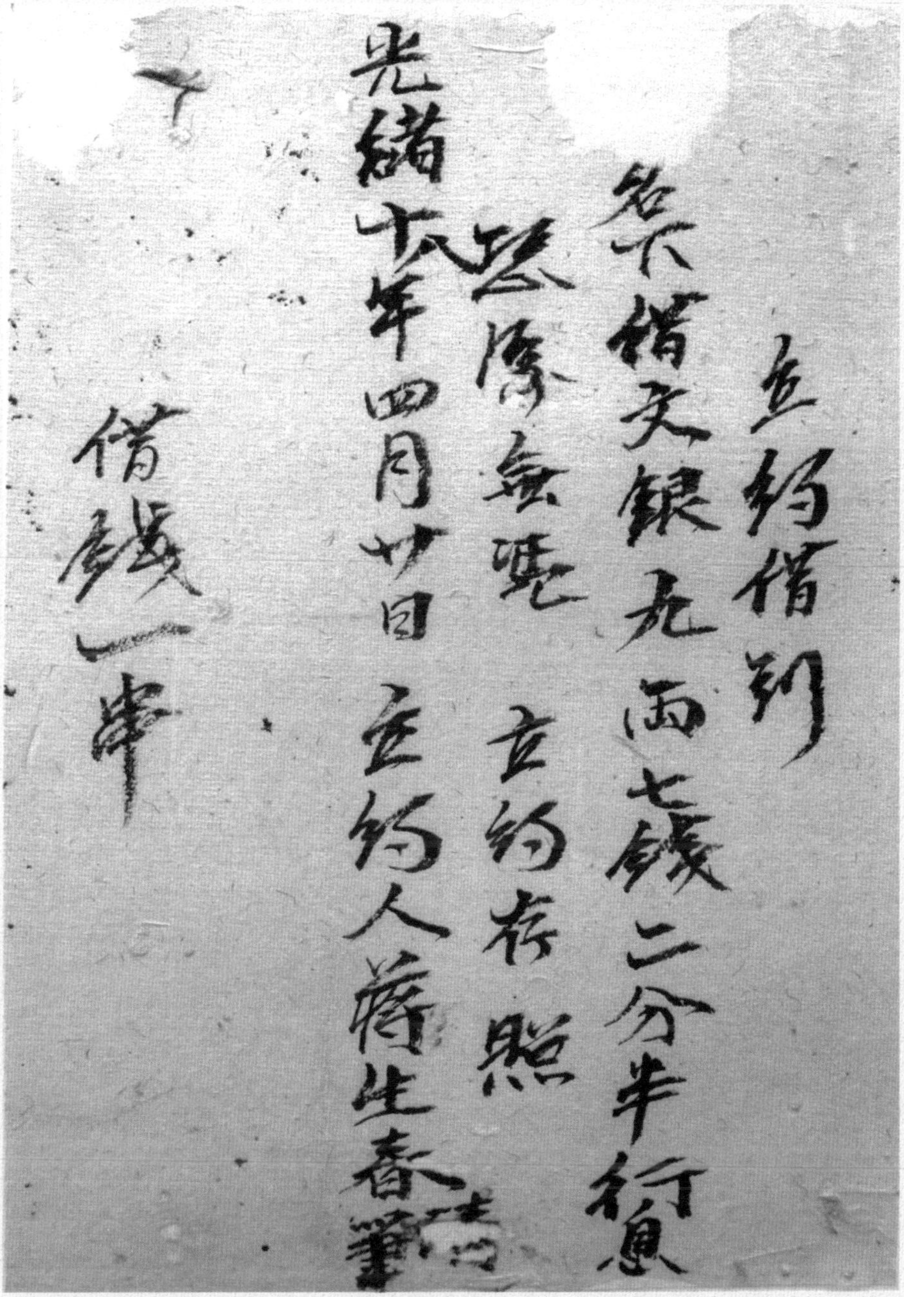
立约借到
名下借文银九两七钱二分半行息
恐后无凭 立约存照
光绪十八年四月廿日 立约人蒋生春笔
借钱一张

录文：

立约借到

□□□名下借文银九两七钱，二分半行息，恐后无凭，立约存照。

光绪十八年四月廿日

立约人　　蒋生春　清（亲）笔

借钱一串

46. 光绪十九年四月十五日王正南、高况立凭据

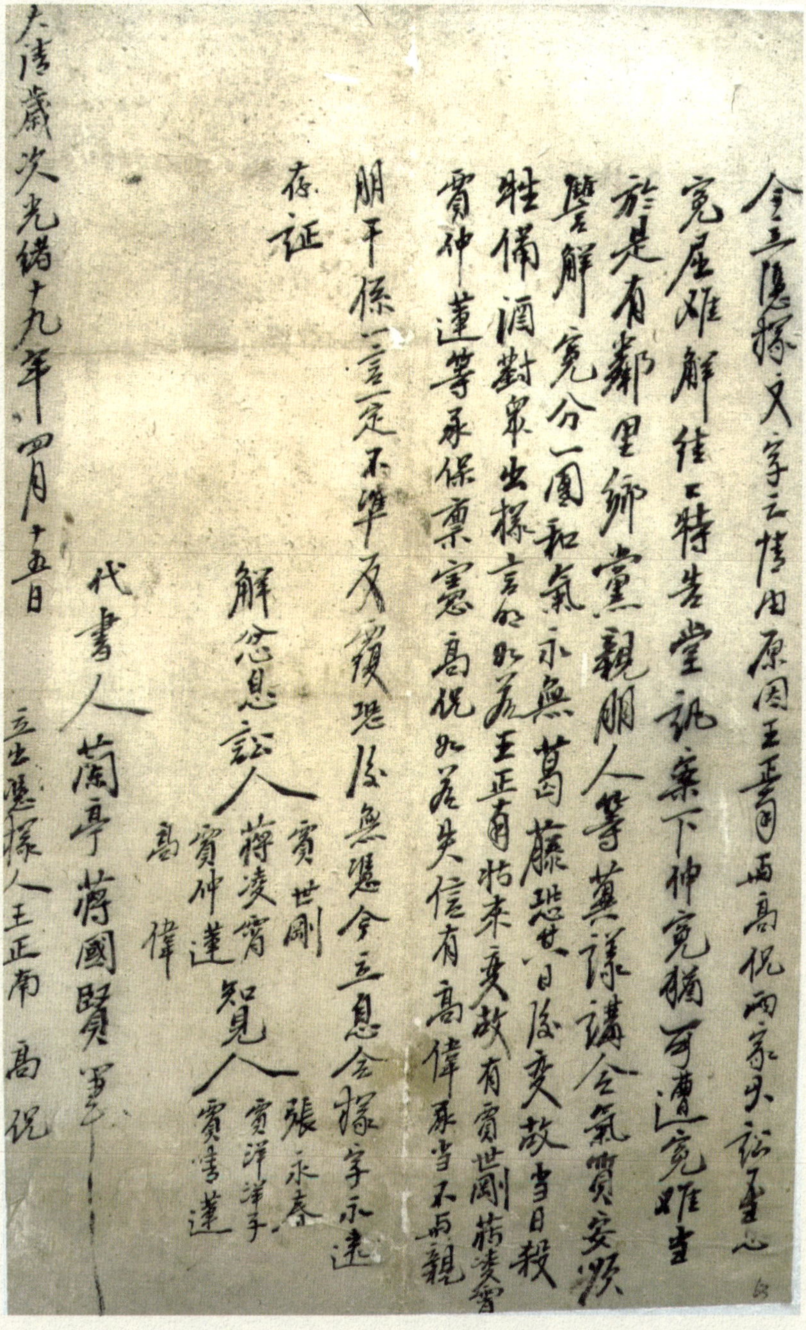

今立息據文字人情因原因王正南與高倪兩家失訟在心
寬屋难解，往往特告堂訊，案下仲寬猶可遵，寬难当
於是有鄰里鄉黨親朋人等莫議講合氣，賈安然
譬解寬免分一團和氣，永無葛藤，恐日後變故，當日殺
牲備酒對衆出據言明，如若王正南將來变故，有賈世剛、蔣凌霄
賈仲蓮等承保稟憲；高倪如若失信，有高偉承當，不与親
朋干係。一言一定，不準反覆，恐後無憑，今立息合據字永遠
存証

解忿息訟人 賈世剛 蔣凌霄 賈仲蓮 高偉

知見人 張永春 賈洋洋 賈壽蓮

代書人 蘭亭 蔣國賢 押

大清歲次光緒十九年四月十五日

立出息據人 王正南 高倪

录文：

（正面）

今立凭据文字之情由原因，王正南与高倪两家以讼不息，冤屈难解，往上特告堂訊案下伸冤，犹可遭寃难，当于是有邻里乡党、亲朋人等协议讲合，气质安顺，雙解宽分，一团和气，永无葛藤，恐其日后变故，当日杀牲备酒，对众出据言明，如若王正南将来变故，有贾世刚、蒋凌霄、贾仲莲等承保，禀宪（贤）高倪，如若失信，有高伟承当，不与亲朋干系，一言一（为）定，不准反覆（反悔），恐后无凭，今立息全据字，永远存证。

（背面）

解忿息讼人　　贾世刚　蒋凌霄　贾仲莲　高伟

知见人　　张永春　贾洋洋子　贾亲莲

代书人　　兰亭　蒋国贤　笔

大清岁次光绪十九年四月十五日

立凭据人　　王正南　高　倪

47. 光绪十九年十二月初一日蒋殿元卖水磨约

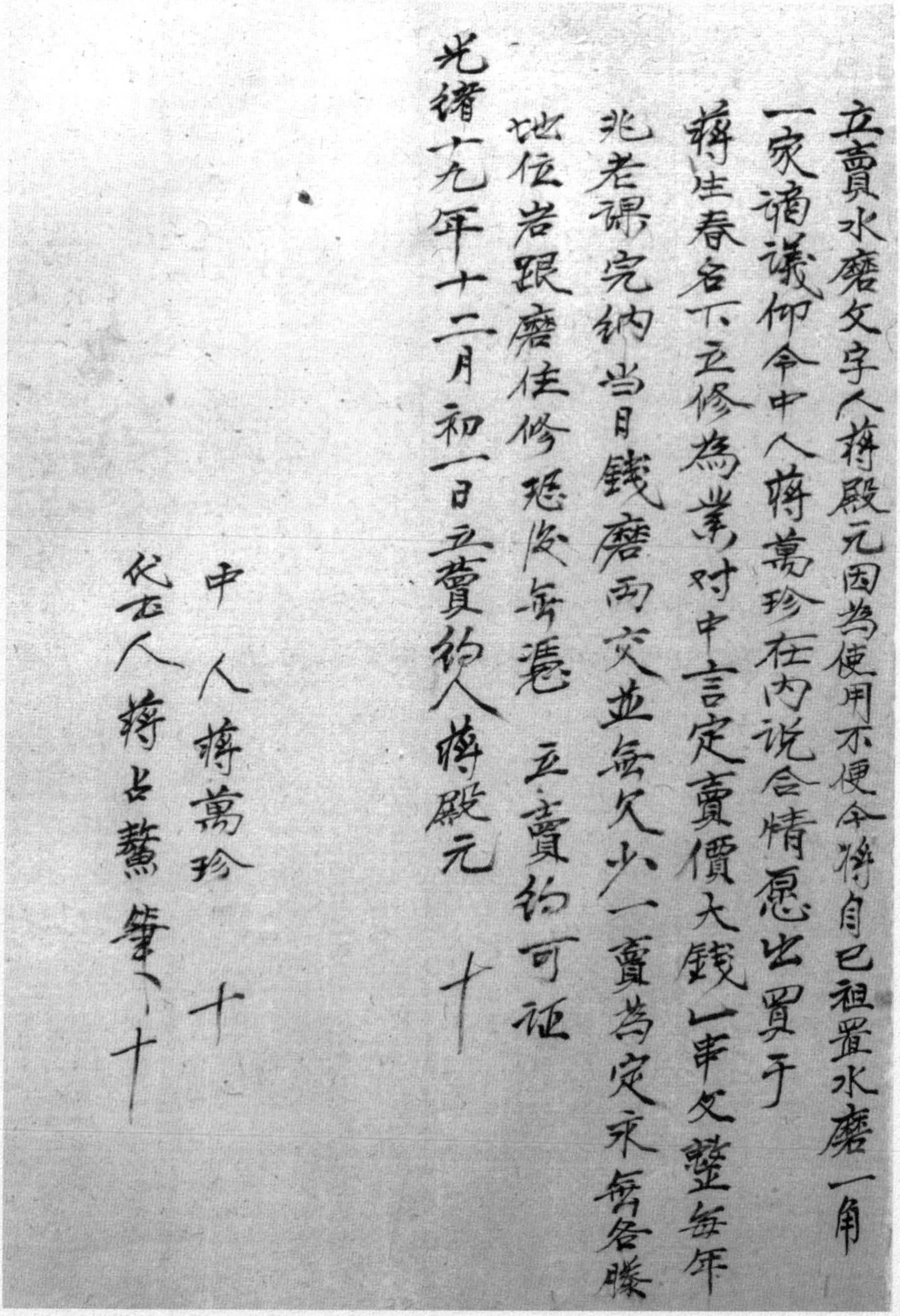

立賣水磨文字人蔣殿元因為使用不便今將自己祖置水磨一角
一家請議仰令中人蔣萬珍在內說合情愿出買于
蔣生春名下立修為業对中言定賣價大錢一串文整每年
兆老課完納当日錢磨兩交並無欠少一賣為定永無各朦
地位岩跟磨住修恐後無憑　立賣約可証
光緒十九年十二月初一日立賣約人蔣殿元　十
中人蔣萬珍　十
代書人蔣占鰲筆　十

录文：

（正面）

立卖水磨文字人蒋殿元，因为使用不便，将自己祖置水磨一角，一家商议，仰令中人蒋万珍在内说合，情愿出卖与蒋生春名下立修为业，对中言定，卖价大钱一串文整，每年兆老课（苛）完纳（税），当日钱磨两交，并无欠少，一卖为定，永无各藤（瓜葛），地位岩跟磨住修，恐后无凭，立卖约可证。

光绪十九年十二月初一日

（背面）

立卖约人　　蒋殿元

中（见）人　　蒋万珍

代书人　　蒋占鳌　笔

48. 光绪廿年四月初三日蒋生春立借钱约

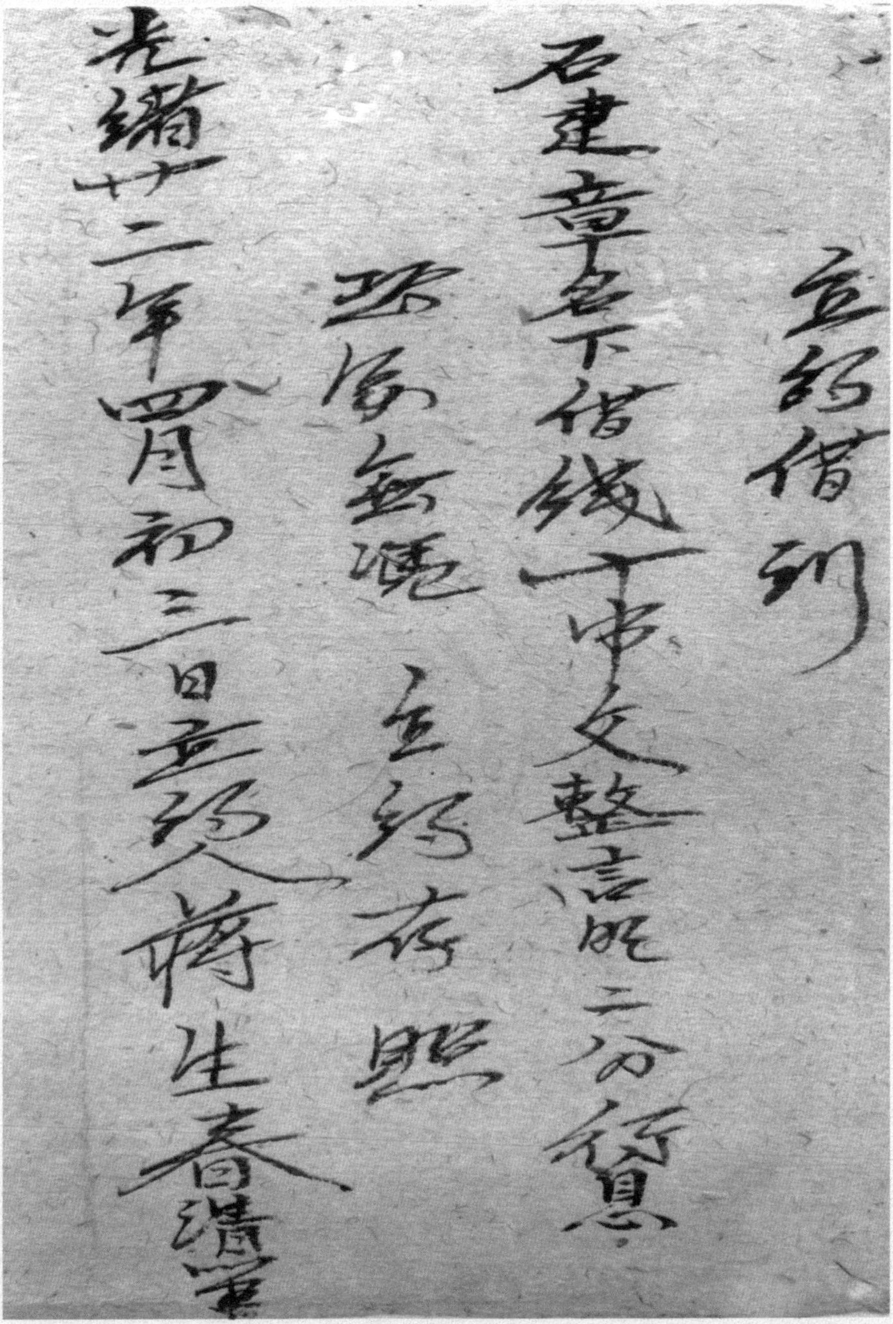

立约借到

石建章名下借钱一千文整言明二分行息

恐后无凭 立约存照

光绪廿二年四月初三日立约人蒋生春请书

录文：

立约借到

石建章名下借钱十串文整，言明二分行息。

恐后无凭，立约存照。

光绪廿年四月初三日

立约人　　蒋生春　清（亲）笔

49. 光绪廿年五月初十日蒋生春、贾金连借钱约

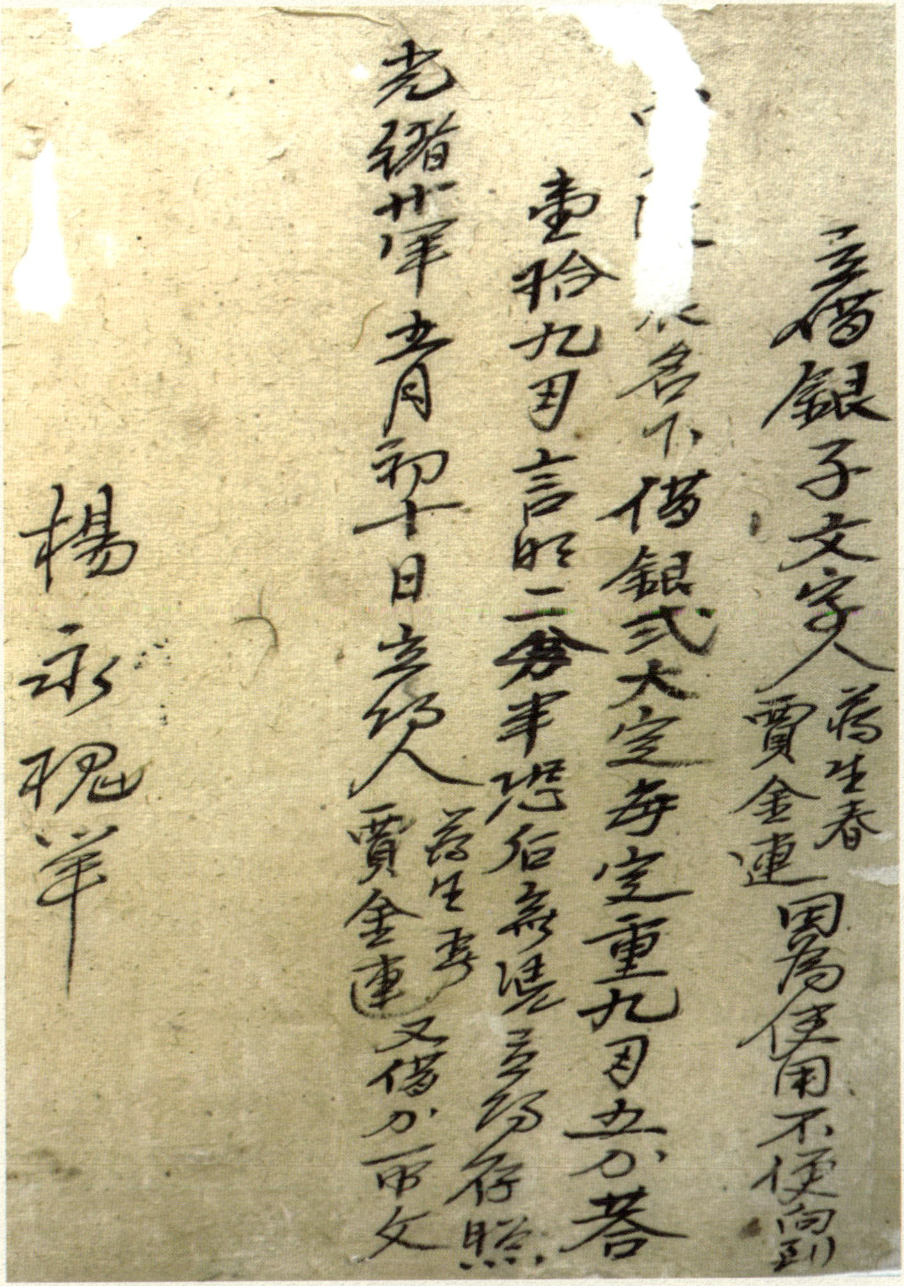

立借银子文字人蒋生春、贾金连，因为使用不便，向到

[illegible]名下借银弍大定，每定重九两五分，共

壹拾九两，言明二分半行息。恐后无凭，立约存照。

光绪廿年五月初十日立约人蒋生春、贾金连　又借九百文

杨永槐笔

录文：

（正面）

立借银子文字人蒋生春、贾金连，因为使用不便，向到□□□名下借银二十大定，每定重九两五钱，共合一十九两，言照二分半。恐后无凭，立约存照。

光绪廿年五月初十日

立约人　蒋生春　贾金连

又借钱一串文

（背面）

杨永槐　笔

50. 光绪廿年十月廿六日蒋生春立约借钱约

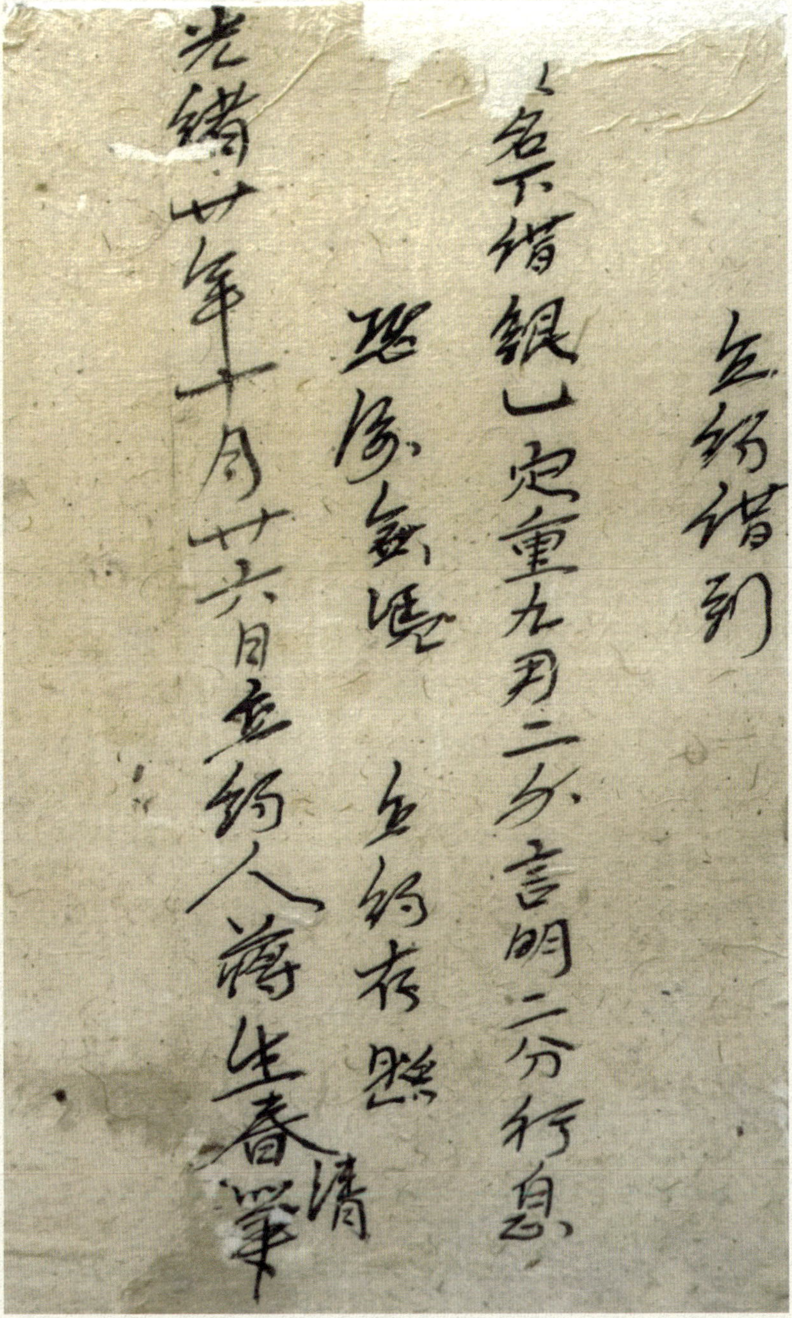
立约借到
名下借银□定重九月二分言明二分行息
恐后无凭
立约存照
光绪廿年十月廿六日立约人蒋生春
清笔

录文：

立约借到

□□名下借银一定，重九两二钱，言明二分行息，恐后无凭，立约存照。

光绪二十年十月二十六日

立约人　　蒋生春　清（亲）笔

51. 光绪廿年十一月初五日张士思立赊玉麦约

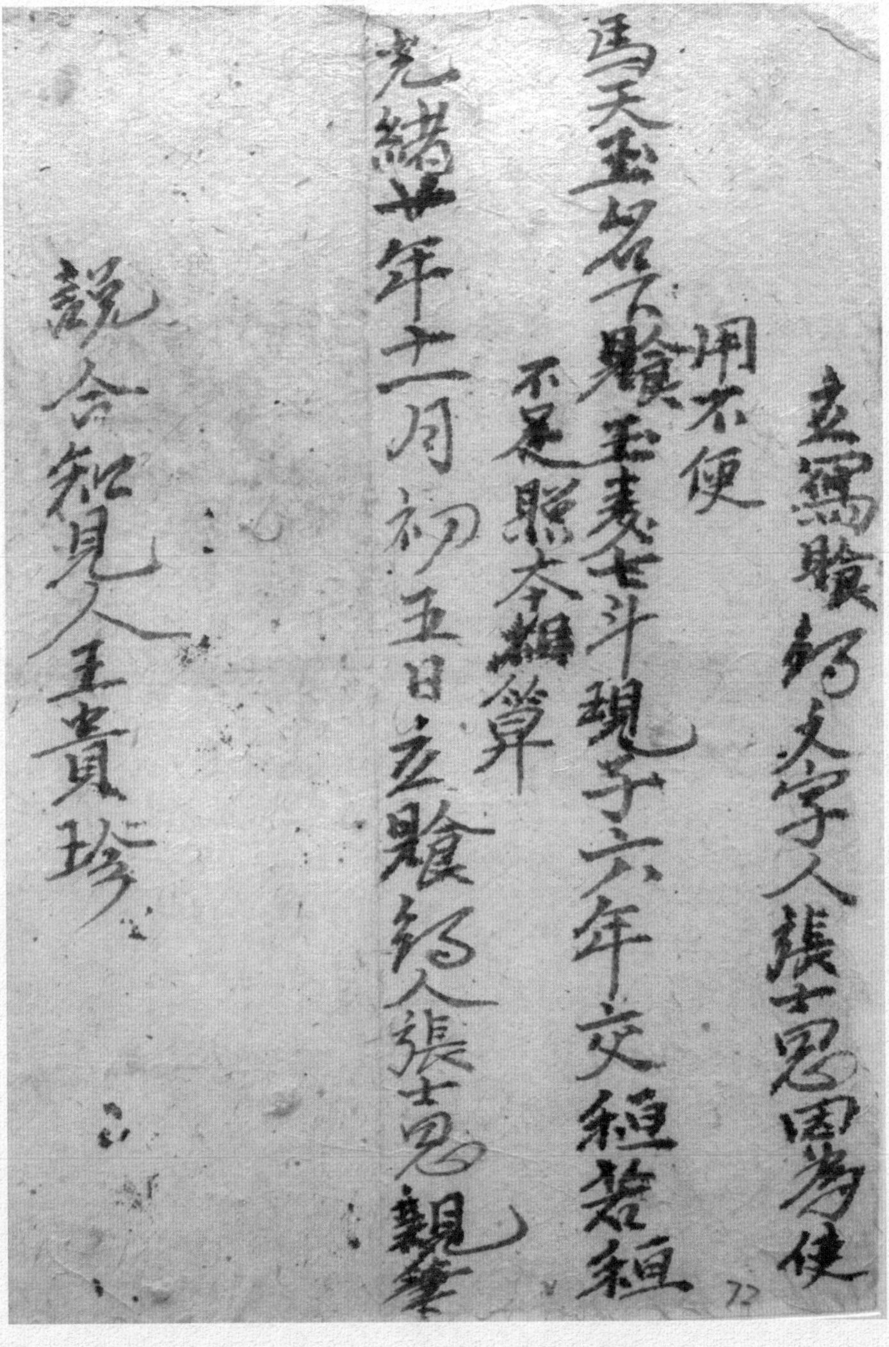
立寫賒約文字人張士思因為使用不便
馬天玉名下賒玉麦七斗現子六年交糧若糧不足照本粮算
光緒廿年十一月初五日立賒約人張士思親筆
說合知見人王貴珍

录文：

（正面）

立写赊约文字人张士思，因为使用不便，马天玉名下赊玉麦七斗，现子六年交还，若租还不足，照本相算。

光绪廿年十一月初五日

立赊约人　　张士思　亲笔

（背面）

说合知见人　　王贵珍

52. 光绪廿年十一月初五日张士思立借钱约

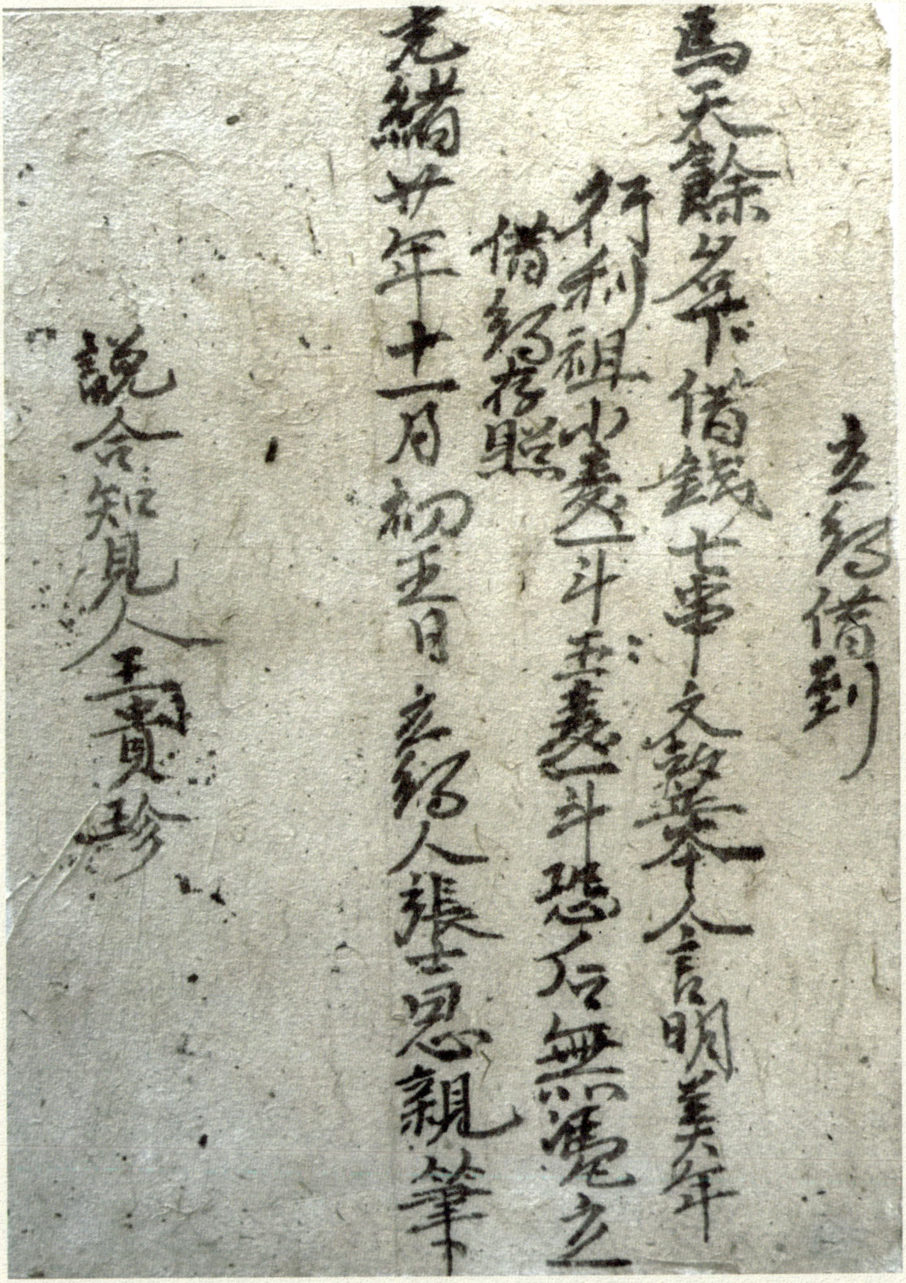
立約借到
馬天餘名下借錢七串文整，同中人言明每年
行利租小麥一斗，大麥一斗。恐后無憑，立
借約存照。
光緒廿年十一月初五日　立約人張士思親筆
說合知見人　王貴珍

录文：

（正面）

立约借到

马天余名下借钱七串文整，本人言明美（每）年行利祖（租）小麦一斗，玉麦伊豆（一斗），恐后无凭，借约存照

光绪廿年十一月初五日

立约人　张士思　亲笔

（背面）

说合知见人　王贵珍

53. 光绪二十一年八月初十日蒋德魁立借钱约

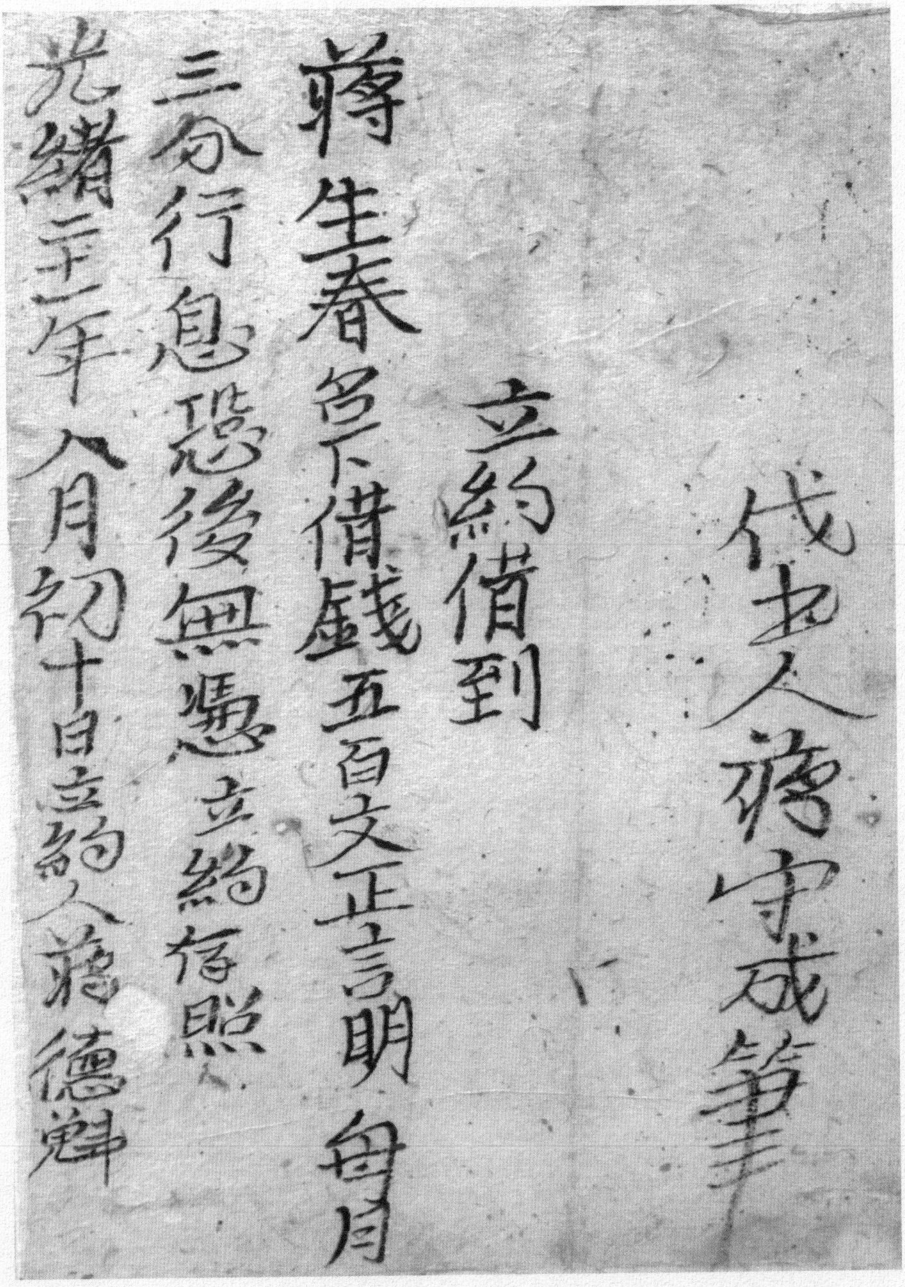

代書人蔣守成筆

立約借到

蔣生春名下借錢五百文正言明每月

三分行息恐後無憑立約存照

光緒二十一年八月初十日立約人蔣德魁

录文：

（正面）

立约借到

蒋生春名下借钱五百文正（整），言明每月三分行息，恐后无凭，立约存照。

光绪二十一年八月初十日

立约人　　蒋德魁

（背面）

代书人　　蒋守成　笔

54. 光绪二十一年十二月十九日蒋生春立借钱约

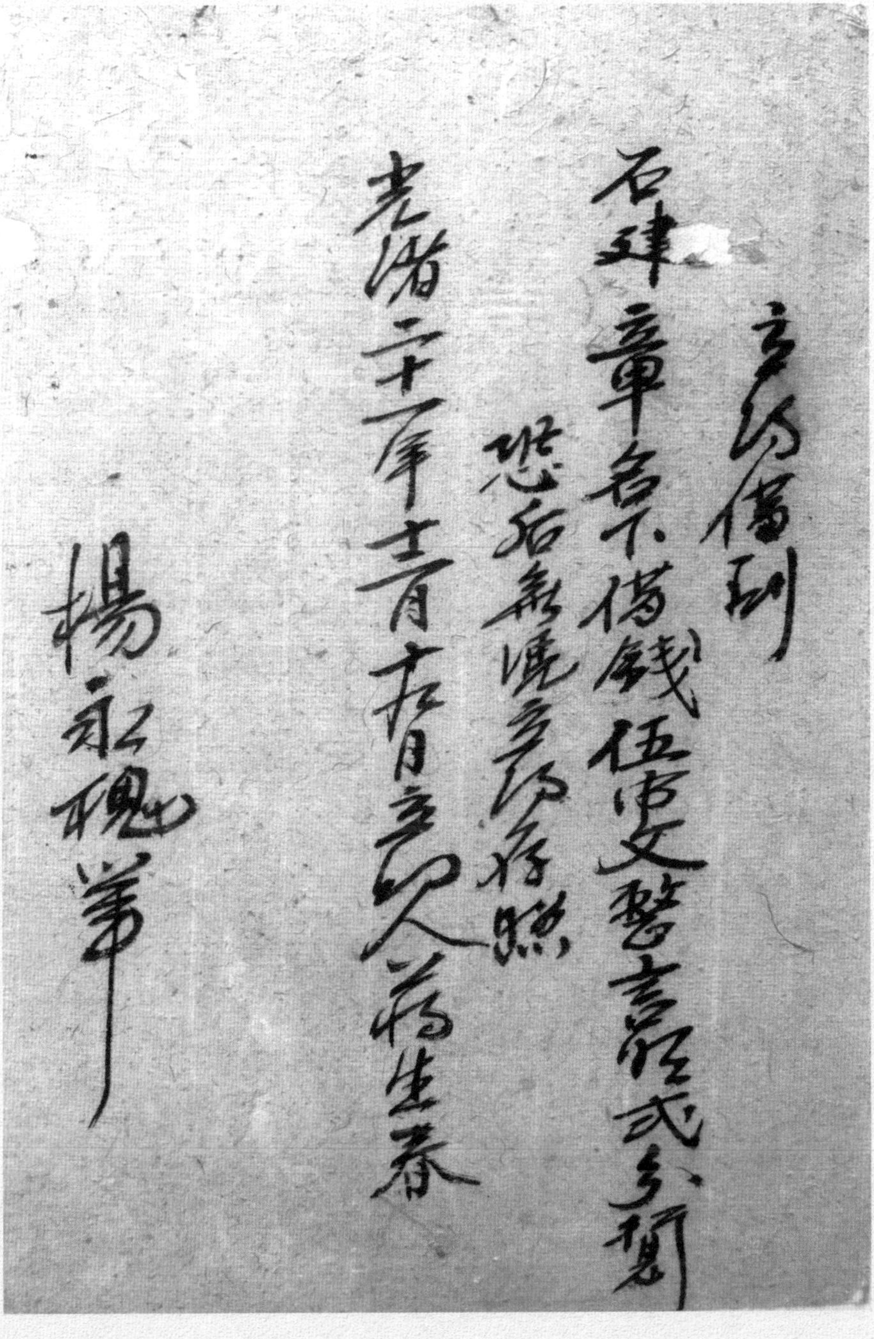

立約借到
石建章名下借錢伍串文整言定貳分行息
恐後無憑立約存照
光緒二十一年十二月十九日立約人蔣生春
楊永槐筆

录文：

（正面）

立约借到

石建章名下借钱五串文整，言明二分行息，恐后无凭，立约存照。

光绪二十一年十二月十九日

立约人　　蒋生春

（背面）

杨永槐　笔

55. 光绪廿二年三月廿九日蒋撞元儿立借粮约

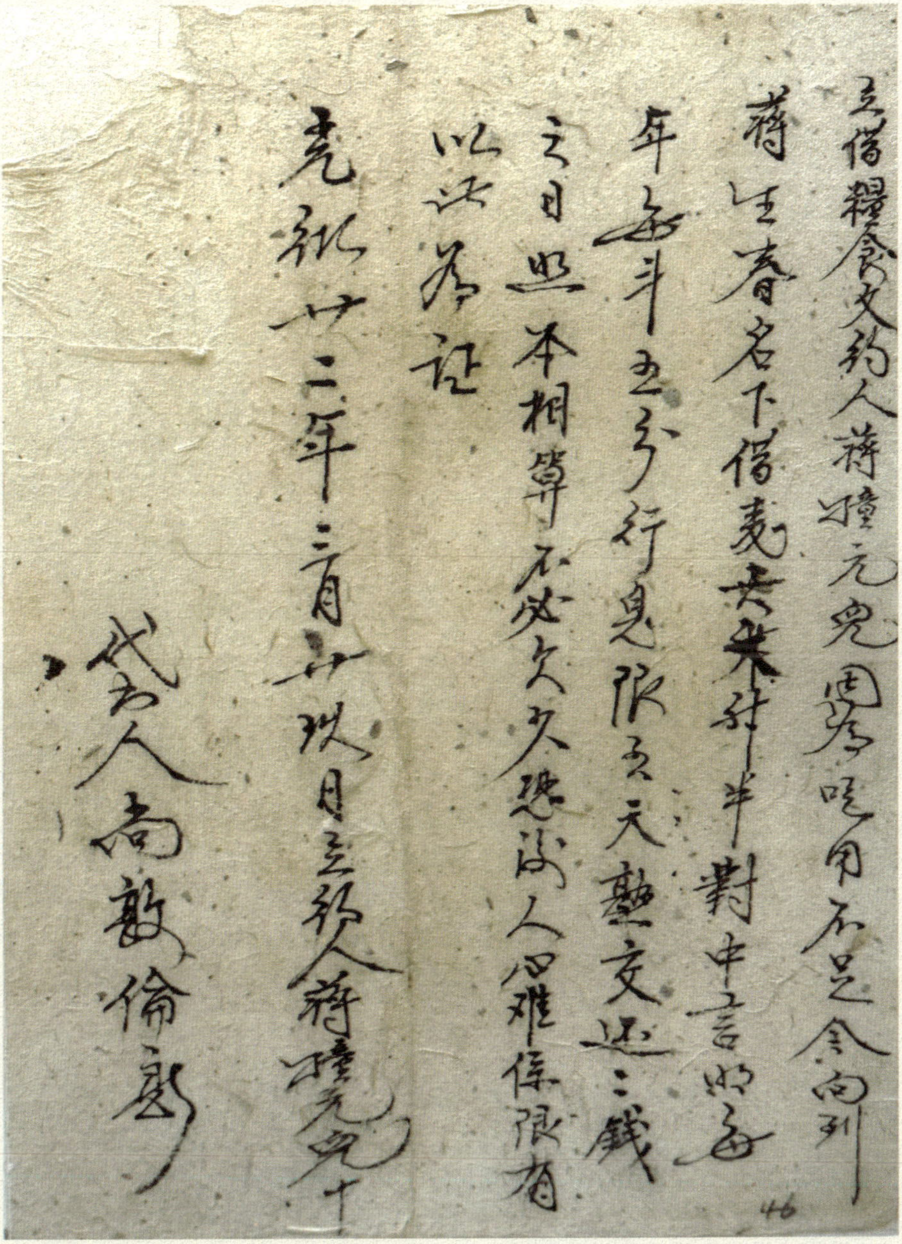
立借粮食文约人蒋撞元儿因为吃用不足今向到
蒋生春名下借麦共柒斗半 對中言明每
年每斗五升行息限至天熟交还二钱
之日照本相算不得欠少恐后人心难保限有
以此为证
光绪廿二年三月廿玖日立约人蒋撞元儿十
代书人高毅伦书
46

录文：

（正面）

立借粮食文约人蒋撞元儿，因为吃用不足，今向到蒋生春名下借麦六升半，对中言明，每年每斗五分行息，限至天熟交还，还钱之日照本相（乡）算，不必欠少，恐后人心难保，限有以此为证。

（背面）

光绪廿二年三月廿九日

立约人　　蒋撞元儿

代书人　　尚敦伦　笔

56. 光绪廿二年全月廿八日蒋生春立约借钱约

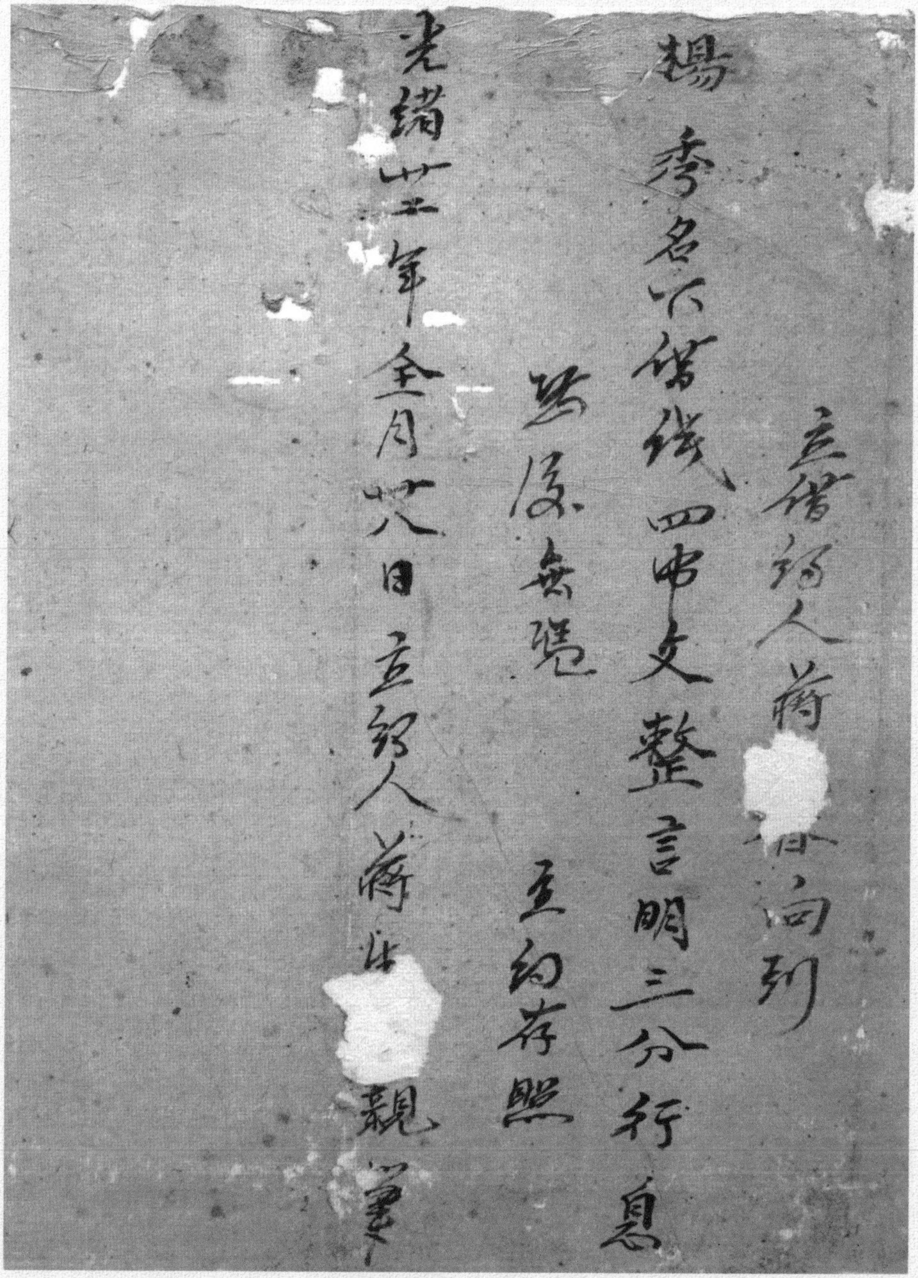
立借約人蔣生春向到
楊
秀名下借錢四串文整言明三分行息
恐後無憑 立約存照
光緒廿二年全月廿八日立約人蔣生春親筆

录文：

立借约人蒋生春向到

杨秀名下借钱四串文整，言明三分行息，恐后无凭，立约存照。

光绪廿二年全月廿八日

立约人　　蒋生春　亲笔

57. 光绪二十三年五月十八日刘尚福借约

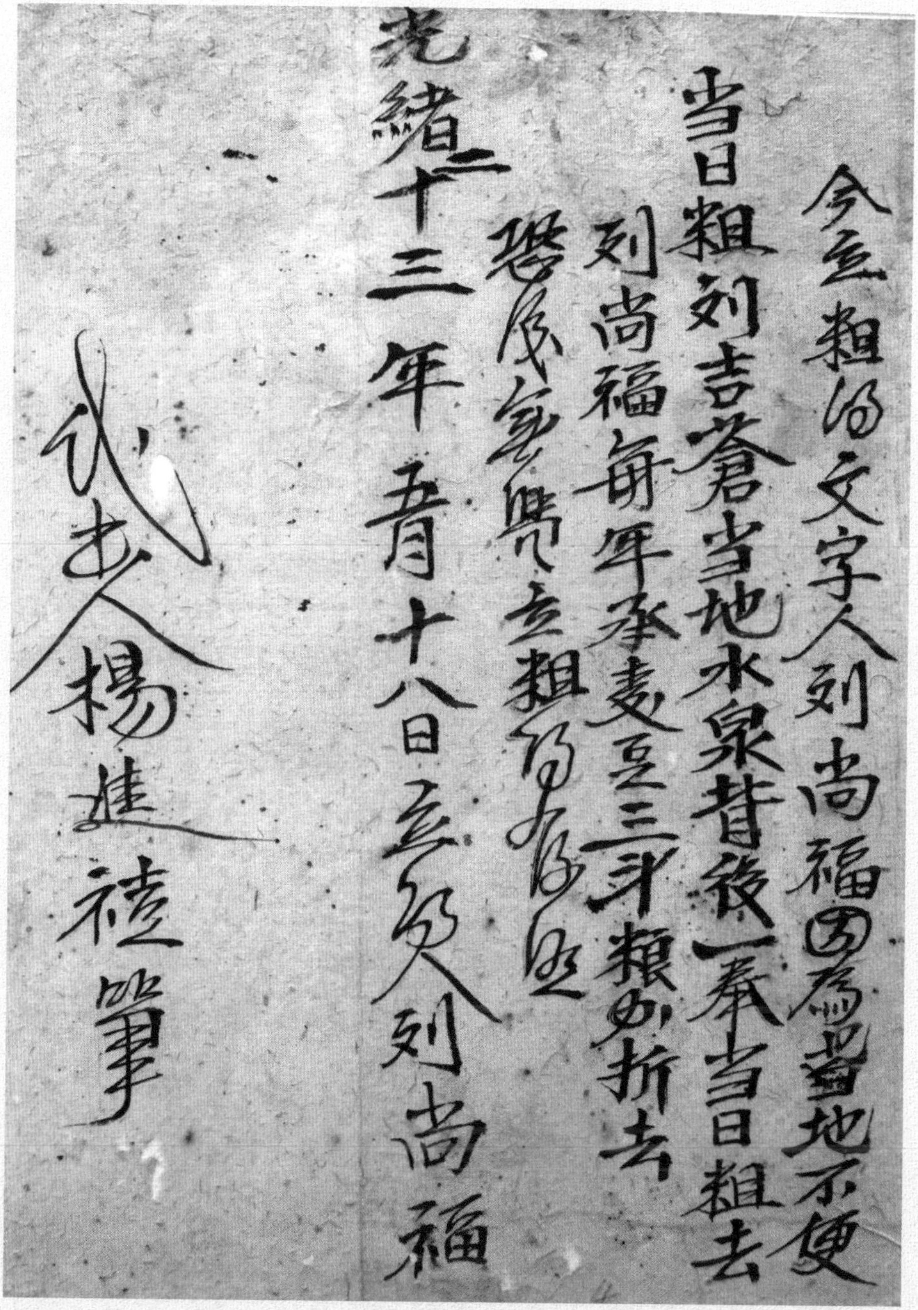

今立粗约文字人刘尚福因為当地不便
当日粗刘吉蒼当地水泉背後一系当日粗去
刘尚福每年承麦豆三斗粮出折去
恐後無凭立粗约存照
光緒二十三年五月十八日立约人刘尚福
代書人楊建禧筆

录文：

（正面）

今立租借约文字人刘尚福，因为当地不便，当日粗（租借）刘吉沧当地水泉背后一奉（份），当日粗（租）去刘尚福每年承麦豆三斗，粮钱折去。恐后无凭，立约存照。

光绪二十三年五月十八日

立约人　　刘尚福

（背面）

代书人　　杨进禧　笔

58. 光绪廿四年二月廿一日杜万玉卖树枝约

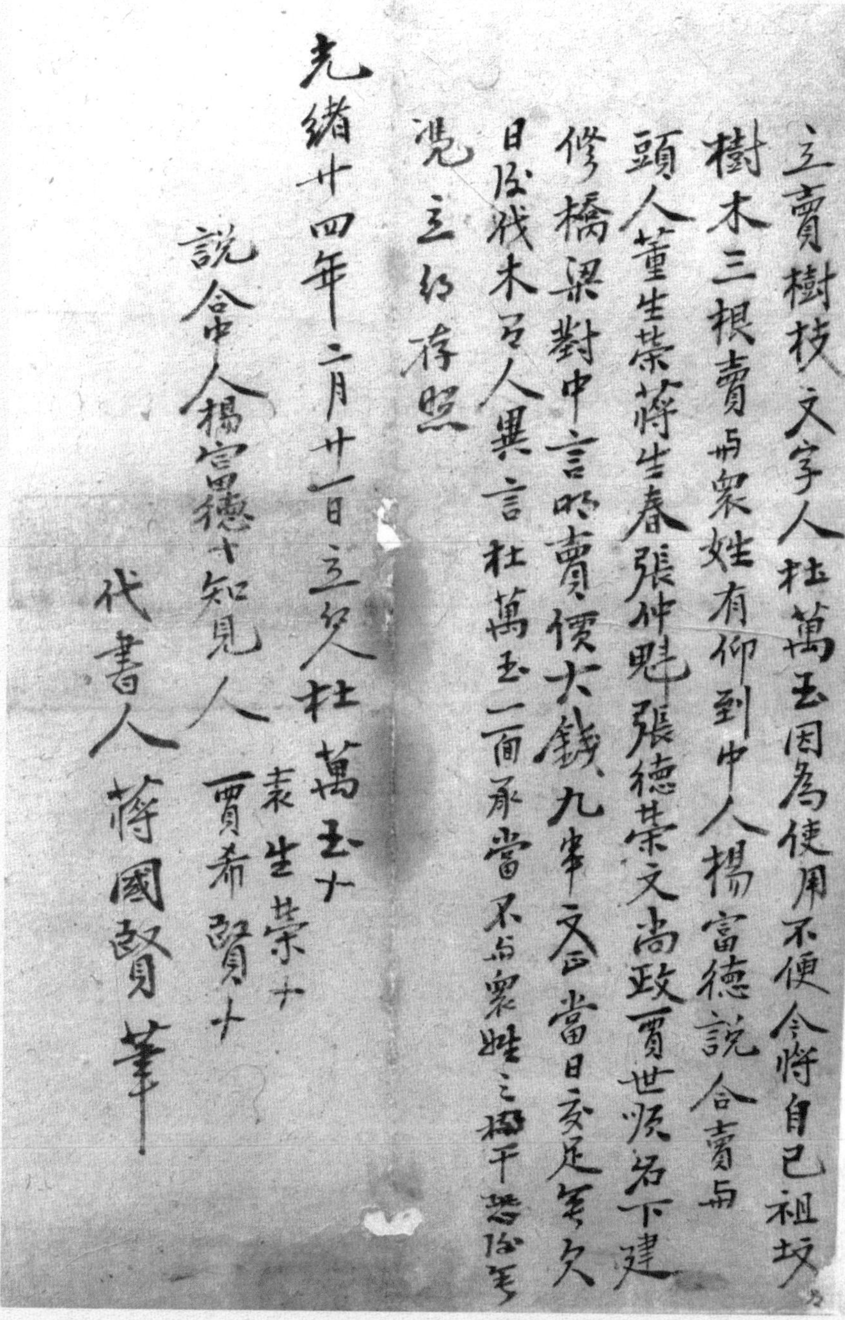

立賣樹枝文字人杜萬玉因為使用不便今將自己祖坟樹木三根賣與衆姓有仰到中人楊富德說合賣與頭人董生榮蔣生春張仲魁張德榮文尚政賈世煥名下建修橋梁對中言明賣價大錢九串文正當日交足无欠日后伐木若人異言杜萬玉一面承當不與衆姓之相干恐后無凴立約存照

光緒廿四年二月廿一日立約人杜萬玉十

說合人楊富德十知見人

賈希賢十

表生榮十

代書人蔣國賢筆

录文：

（正面）

立卖树枝文字人杜万玉，因为使用不便，今将自己祖坟树木三根卖与众姓有，仰到中人杨富德说合，卖与头人董生荣、蒋生春、张仲魁、张德荣、文尚政、贾世顺名下，建修桥梁，对中言明，卖价大钱九串文正，当日交足无欠，日后伐木有人异言，杜万玉一面承当，不与众姓之相干，恐后无凭，立约存照。

（背面）

光绪廿四年二月廿一日

立约人　　杜万玉

说合人　　杨富德

知见人　　袁生荣　贾希贤

代书人　　蒋国贤　笔

59. 戊戌五月初三日杨荣致蒋生春的书信

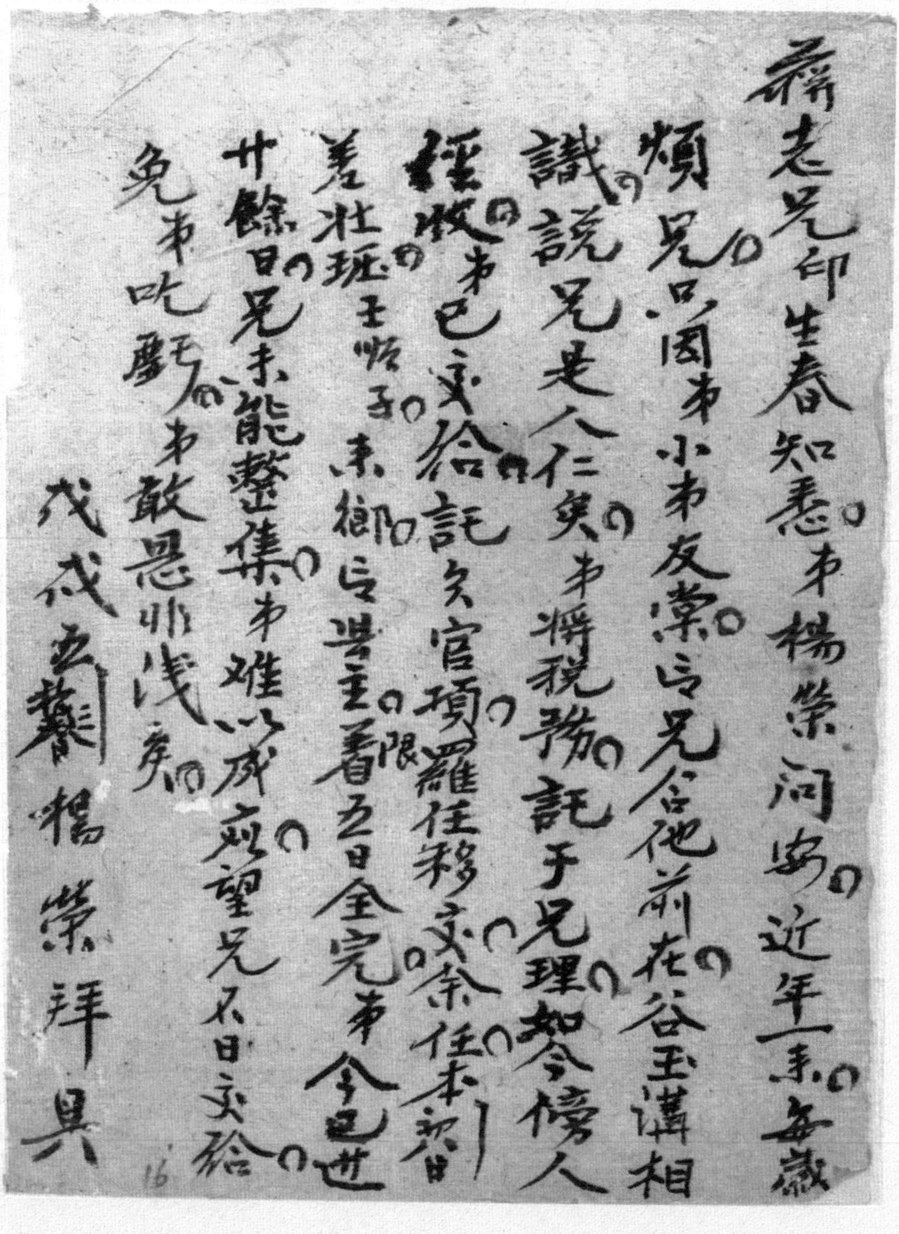

蔣老兄印生春知悉。弟楊榮問安。近年來。每歲

煩兄口。閱弟小弟友棠。與兄合伙前在谷玉溝相

識。說兄是仁人。弟將稅務託于兄理。如今傍人

經收。弟已交給。託文官項羅任移文。奈任本智

差壯班王悄子。來御。與其主著限五日全完。弟今已世

廿餘日。兄未能整集。弟難以成。亦望兄不日交給。

免弟吃虧。弟敢恩非淺矣。

戊戌五月初三 楊榮拜具

16

录文：

蒋老兄印生春知悉，弟杨荣问安，近年一耒（以来）每岁烦兄，只因弟小弟友棠，令兄合他前在谷玉沟相识，说兄是人仁矣，弟将税务托于兄（料）理，如今傍人经收（手），弟已交给托欠官项，罗任移文余任本初八日差壮班王顺子来乡，令县主限着（到）五日全完，弟今已过廿余日，兄未能整集，弟难以成应，望兄不日交给，免弟吃亏，弟敢（感）恩非浅矣。

戊戌五月初三日　杨荣　拜具

60. 光绪二十四年十一月初二刘尚福当地文书

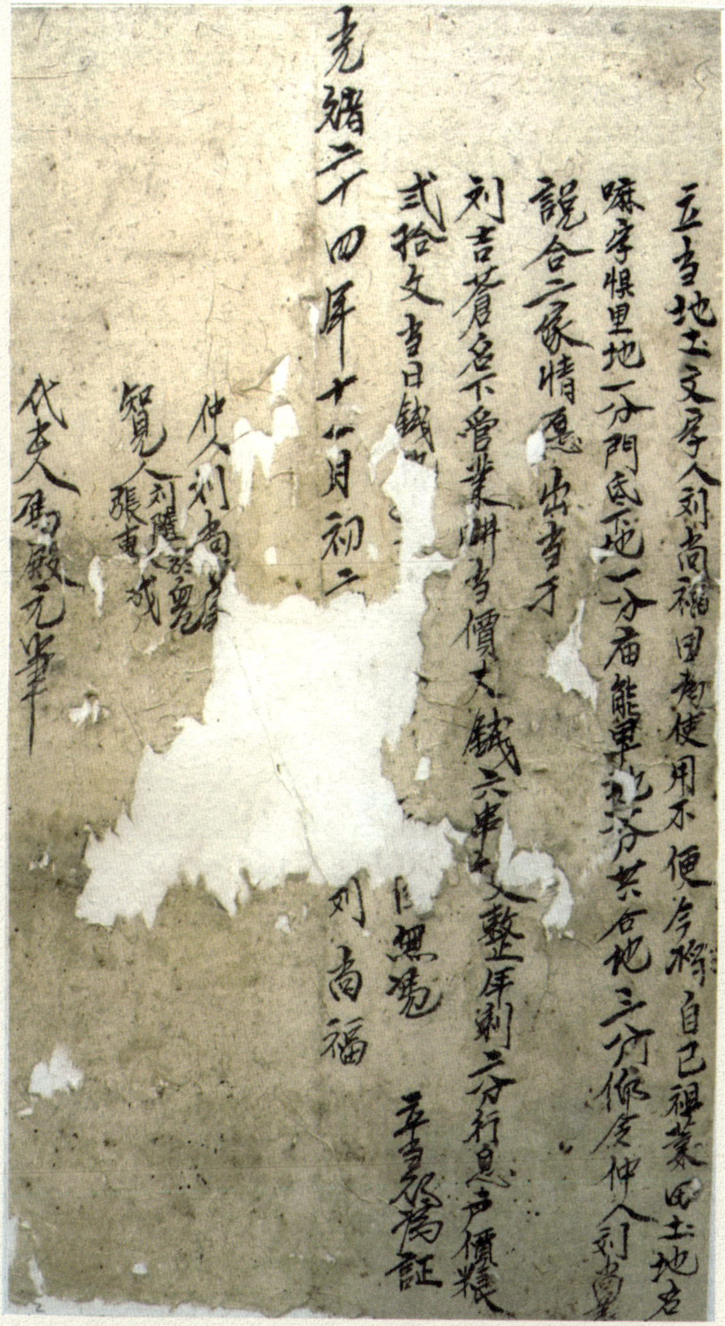

录文：

（正面）

立当地土文字人刘尚福因为使用不便，今将自己祖业田土地名嘛字惧（麻子渠）里地一分，门底下地一分，庙能（塄、埂）旱地一分，共合地三分，仰令仲人刘尚义说合二家，情愿出当于刘吉苍名下管业䎬（耕种），当价大钱六串文整，年利二分行息，户（当）价粮二十文，当日钱地两清……恐后无凭，立当约为证。

（背面）

光绪二十四年十一月初二

立字人　　刘尚福

仲（中）人　　刘尚义

知见人　　刘隋于儿　张惠成

代书人　　冯殿元　笔

61. 光绪二十四年十二月初一日蔣守元立买卖地契

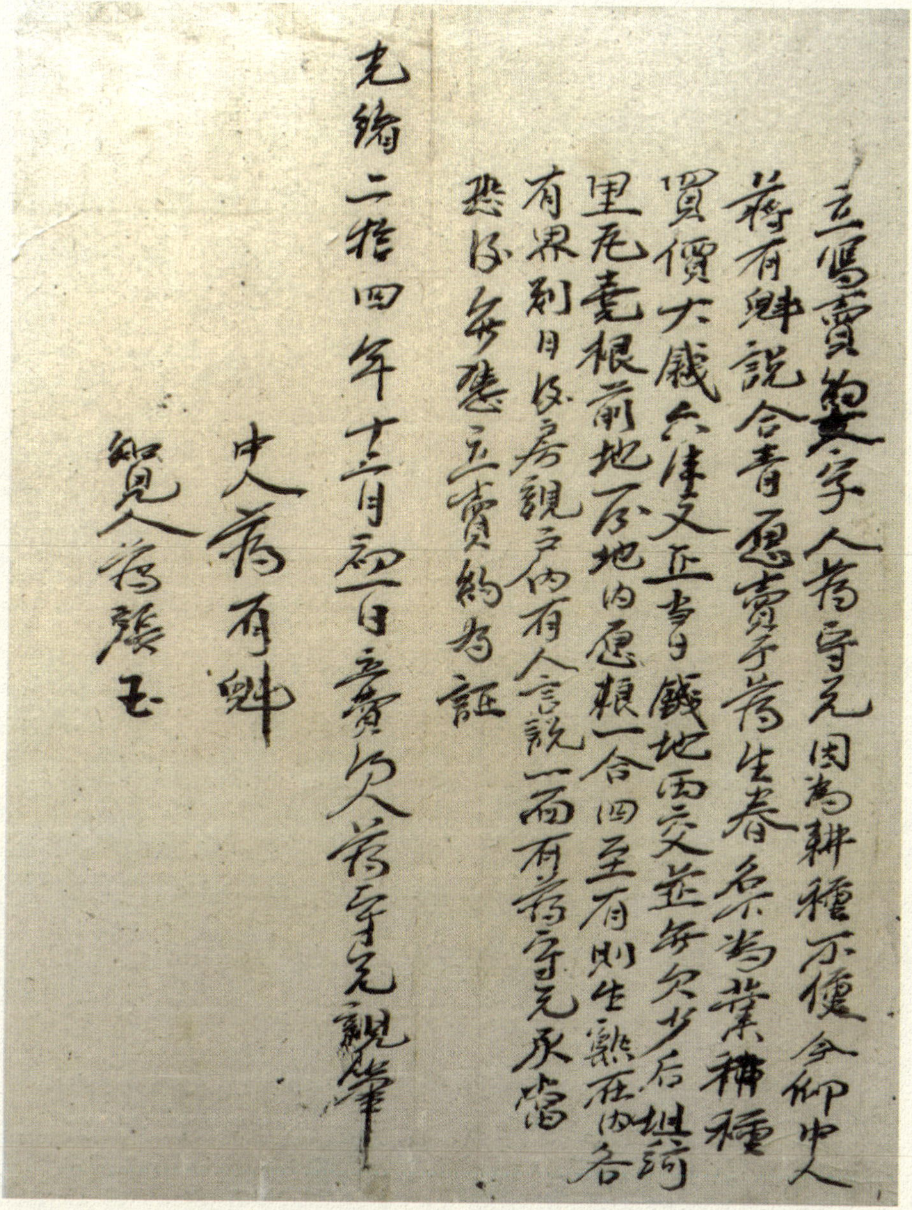
立寫賣約文字人蔣守元因為耕種不便今仰中人
蔣有姓說合情愿賣與蔣生春名下為業耕種
買價大錢六仟文正當日錢地兩交並無欠少后[illegible]詞
里尾壹根前地下地內愿糧一合四至有則生熟在內合
有界到月後房親戶內有人言說一面有蔣守元承當
恐后無憑立賣約為証
光緒二拾四年十二月初一日立賣約人蔣守元親筆
中人 蔣有姓
說見人 蔣振玉

录文：

（正面）

立凭卖约文字人蒋守元，因为耕种不便，今仰中人蒋有魁说合，青（情）愿卖于蒋生春名下为业耕种，买价大钱六串文正（整），当日钱地两交，并无欠少，后坝河里瓦尧（窑）根（跟）前地一分，地内愿（原）粮一合，四至有则，生熟在内，各有借到，日后房亲户内有人言说，一面由蒋守元承当，恐后无凭，立卖约为证。

（背面）

光绪二十四年十二月初一日

立卖约人　蒋守元　亲笔

中　人　蒋有魁

知见人　蒋张玉

62. 光绪二十五年四月初三日高傑（杰）、严生成立凭据

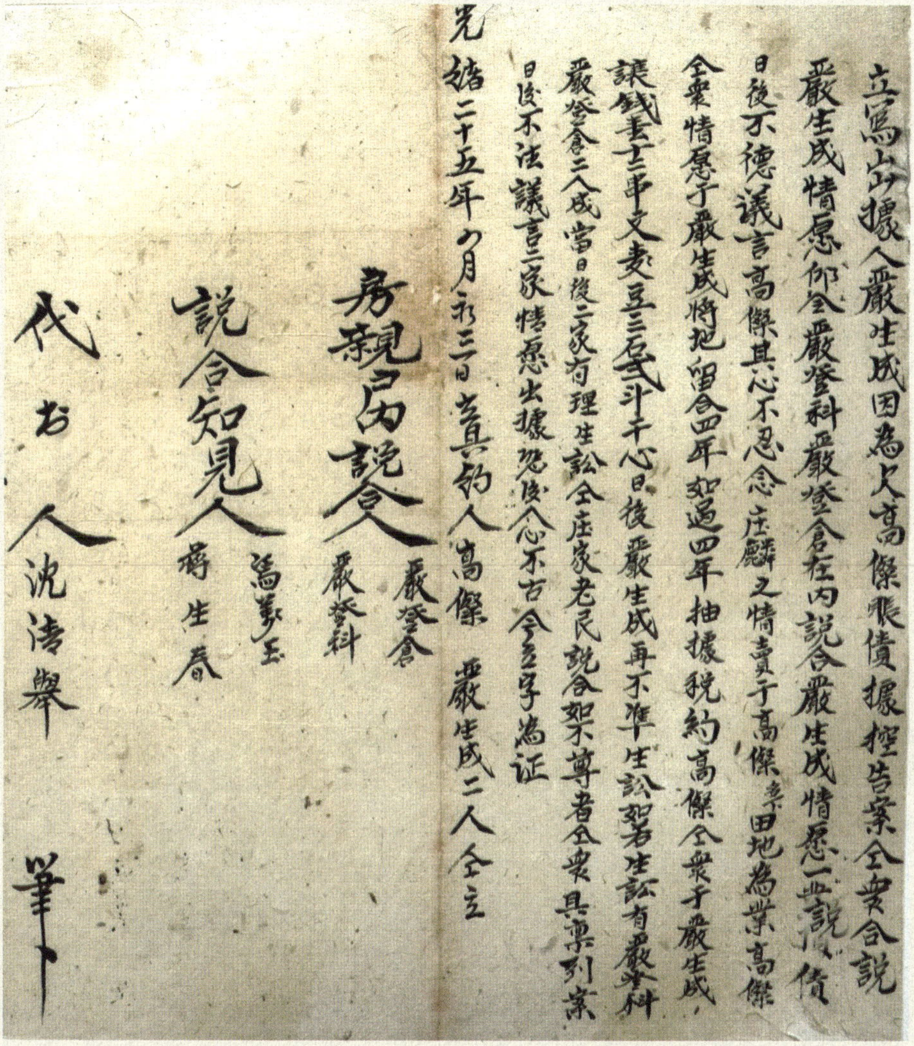
立寫出據人嚴生成因為欠高傑賬債據控告案仝衆合說
嚴生成情愿仰仝嚴登科嚴登倉在内說合嚴生成情愿一並說[illegible]債
日後不德議言高傑其心不忍念庄鄰之情責于高傑業田地為業高傑
仝衆情愿于嚴生成將地留合四年如過四年抽據硯約高傑仝衆于嚴生成
議錢壹拾弍千文麦豆三石弍斗干心日後嚴生成再不準生訟如若生訟有嚴登科
嚴登倉二人成當日後二家有理生訟仝庄家老民說合如不尊者仝衆具稟列案
日後不法議言二家情愿出據恐後人心不古仝立字為证
光緒二十五年四月初三日 立真約人高傑 嚴生成 二人仝立
房親己內說合人 嚴登倉 嚴登科
說合知見人 溫萬玉 蔣生春
代書人 沈浩舉 筆

录文：

（正面）

立写出据人严生成，因为欠高傑（杰）账债据控告案，仝（全）众合说，严生成情愿仰令严登科、严登仓在内说合，严生成情愿一（以）业顶债，日后不德（得）议言高傑（杰）其心不忍，念庄麟（邻）之情卖于高傑名下田地为业，高傑（杰）仝（全）众情愿于严生成将地留合四年，如过四年，抽据税约，高傑仝众于严生成，让钱一十二串文，麦豆三石二斗，干（甘）心日后严生成再不准生（申）讼，如若生（申）讼，有严登科、严登仓二人成（承）当，日后二家有理生（申）讼，仝（全）庄家老民说合，如不尊（遵）者，仝（全）众聚禀到案，日后不法议言，二家情愿出据恐后人心不古，今立字为证。

（背面）

光绪二十五年四月初三日

立具约人　　高傑（杰）、严生成二人仝（全）立

房亲户内说合人　　严登仓　严登科

说合知见人　　冯万玉　蒋生春

代书人　　沈清举　笔

63. 光绪二十八年正月廿五日尚正荣等立凭据

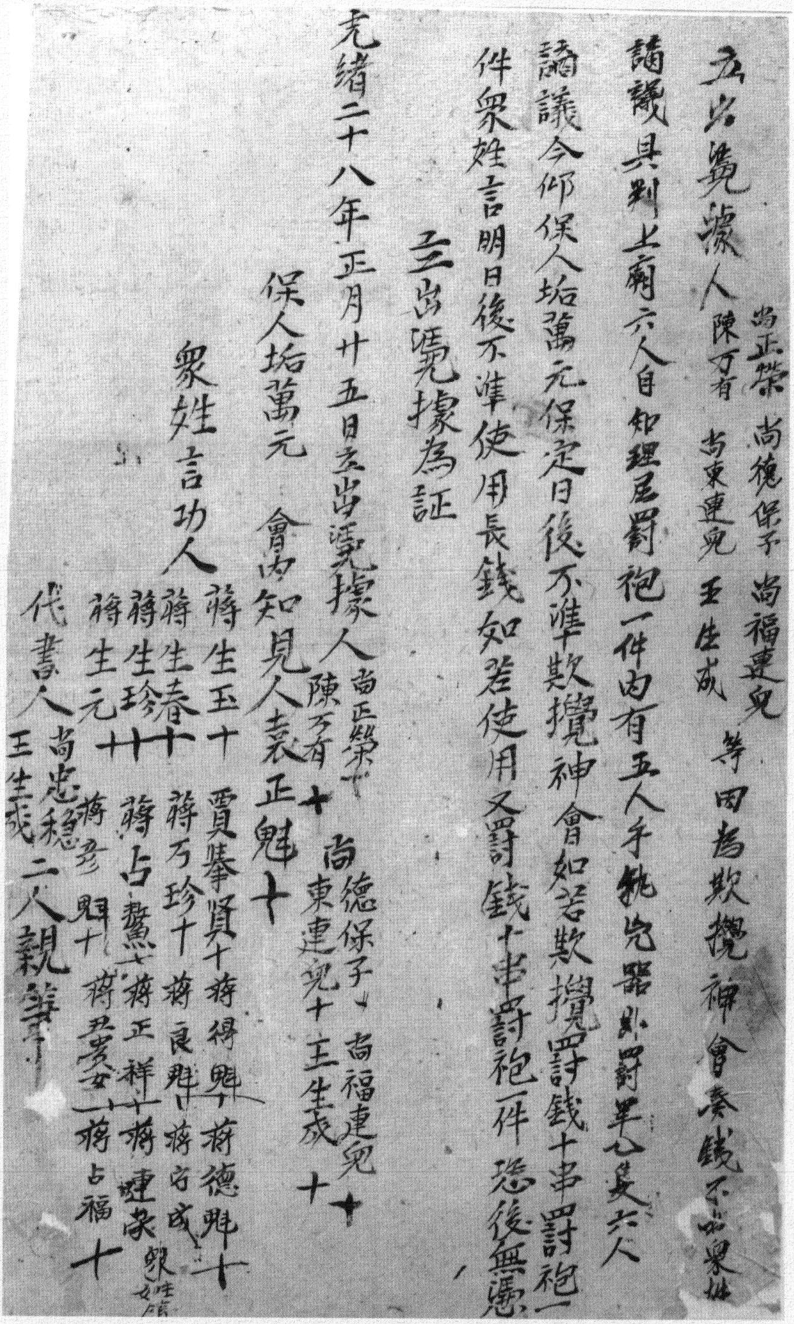

立出凭據人 尚正榮 陳万有 尚德保子 尚東連兒 尚福連兒 王生成 等因為欺攬神會素錢不出衆姓

請議具判上廟六人自知理屈罰袍一件内有五人手執兇器外罰羊一隻六人

請議令仰保人坫萬元保定日後不準欺攬神會如若欺攬罰錢十串罰袍一

件衆姓言明日後不準使用長錢知若使用又罰錢十串罰袍一件 恐後無憑

立出凭據為証

保人坫萬元 會内知見人袁正魁十

光緒二十八年正月廿五日立出凭據人 尚正榮 陳万有十 尚德保子 尚東連兒十 尚福連兒 王生成十十

衆姓言功人 蔣生玉十 賈夆賢十 蔣得魁 蔣德魁十 蔣生春十 蔣万珍十 蔣良魁 蔣安成 蔣生珍十 蔣占鰲 蔣正祥 蔣建泉 蔣生元十 蔣彥魁十 蔣君安 蔣占福十 衆姓全

代書人 尚忠穩 王生成 二人親筆

录文：

（正面）

立出凭据人尚正荣、陈万有、尚德保子、尚东连儿、尚福连儿、王生成等，因为欺搅神会，凑钱不出，众姓请议具判上庙，六人自知理屈，罚袍一件，内有五人手执凶器，外罚羊乙（一）只，六人商议，今仰（央）保人垢（后）万元，保定日后不准欺搅神会，如若欺搅，罚钱十串，罚袍一件，众姓言明，日后不准使用长钱，如若使用，又罚钱十串，罚袍一件，恐后无凭，立出凭据为证。

（背面）

光绪二十八年正月廿五日

立出凭据人　尚正荣　陈万有　尚德保子　尚东连儿　尚福连儿　王生成

保人　垢万元

会内知见人　袁正魁

众姓言功人　蒋生玉　蒋生春　蒋生珍　蒋生元　蒋奉贤　蒋万珍　蒋占鳌　蒋彦魁　蒋得魁　蒋良魁　蒋正祥　蒋丑贵女　蒋德魁　蒋守成　蒋连荣　蒋占福　众姓铸

代书人　蒋仲稳　蒋生成　二人亲笔

64. 光绪廿八年二月廿六日蒋生春借钱约

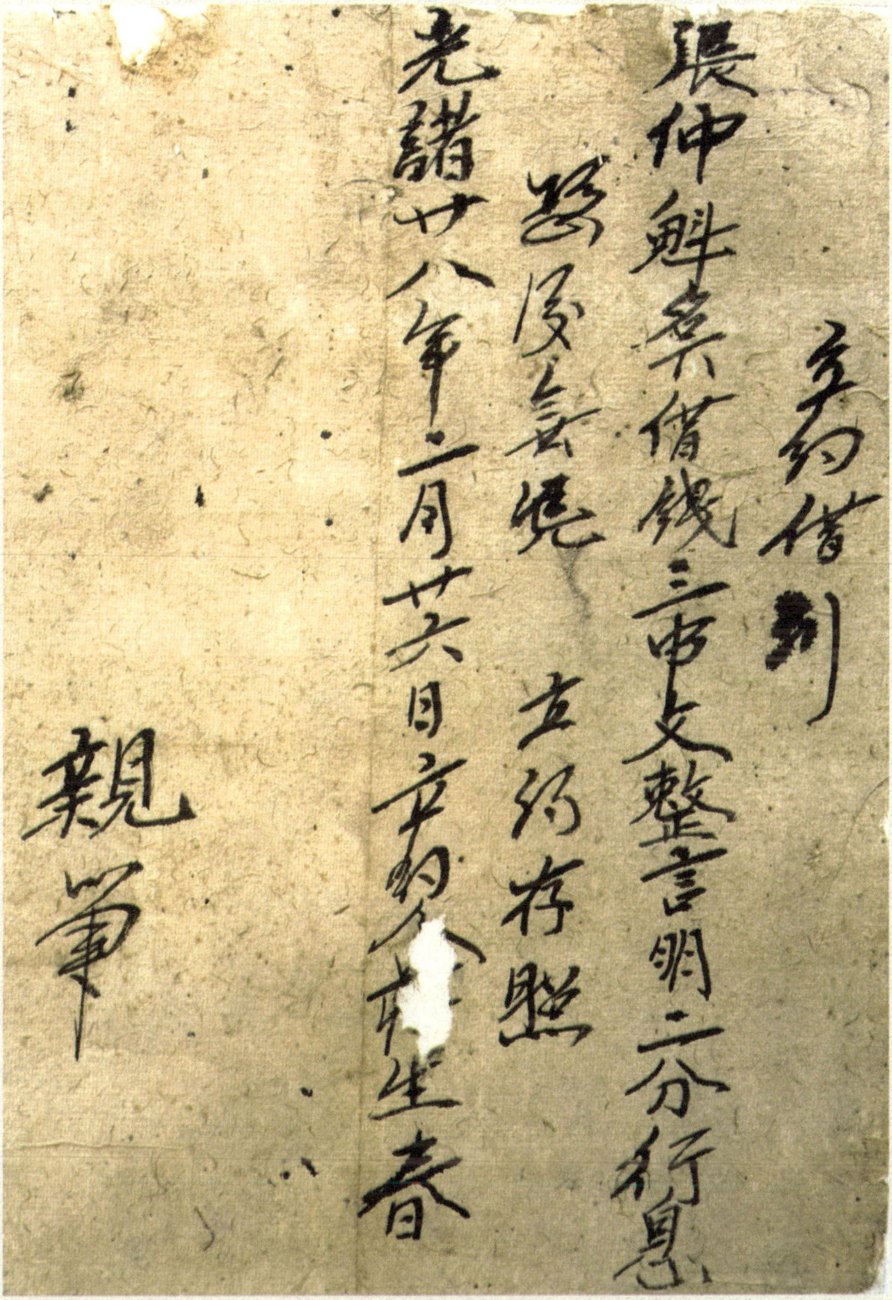
立約借到
張仲魁名下借錢三串文整言明二分行息
恐後無憑　立約存照
光緒廿八年二月廿六日立約人蔣生春
親筆

录文：

（正面）

立约借到

张仲魁名下借钱三串文整，言明二分行息，恐后无凭，立约存照。

光绪廿八年二月廿六日

立约人　　蒋生春

（背面）

亲笔

65. 光绪二十八年十一月初七日蒋根成子立借钱约

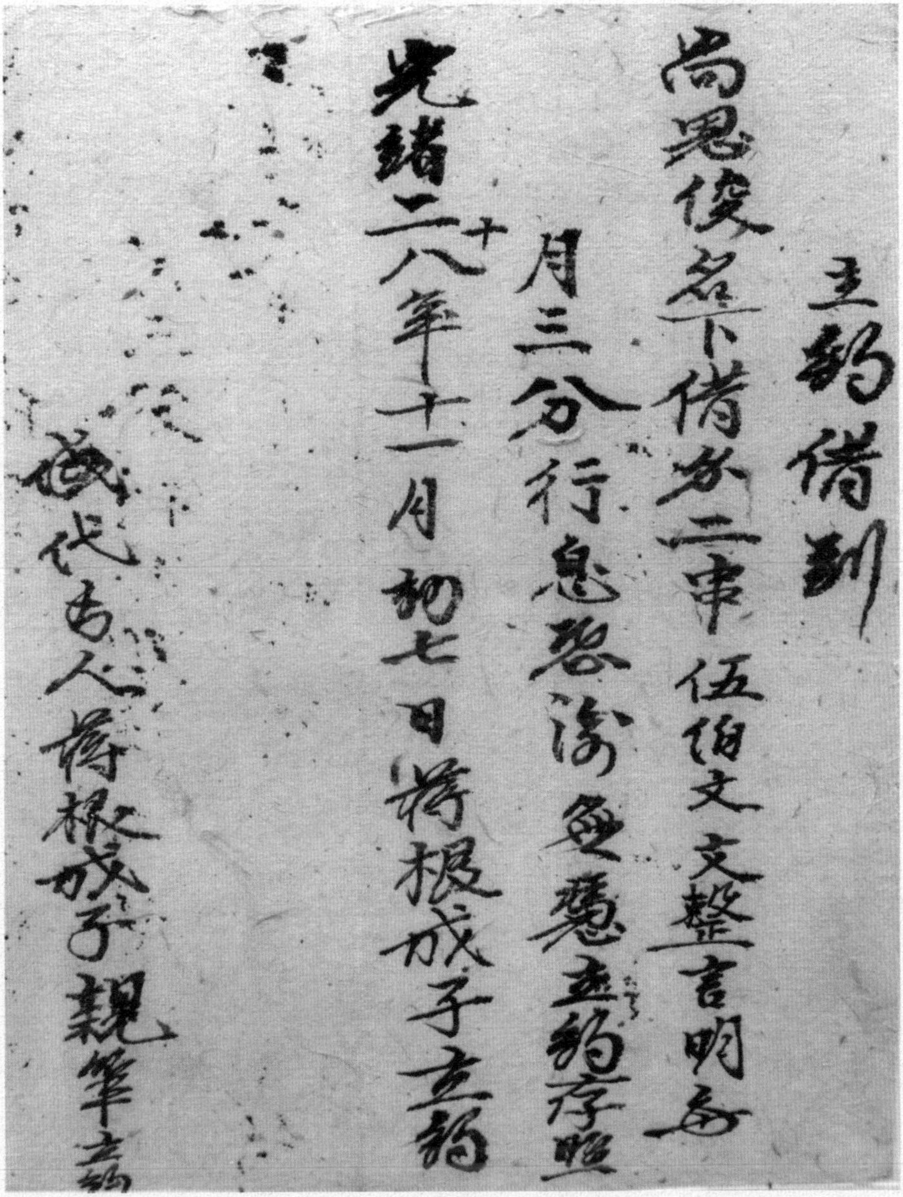

立約借到

尚恩俊名下借錢二串伍伯文 文整言明每

月三分行息恐後無憑立約存照

光緒二十八年十一月初七日蔣根成子立約

代書人蔣根成子親筆立約

录文：

（正面）

立约借到

尚恩俊名下借钱二串五百文文整，言明每月三分行息，恐后无凭，立约存照。

光绪二十八年十一月初七日

蒋根成子　立约

（背面）

代书人　　蒋根成子　亲笔　立约

66. 光绪二十九年十月初一日年蒋万珍立凭据

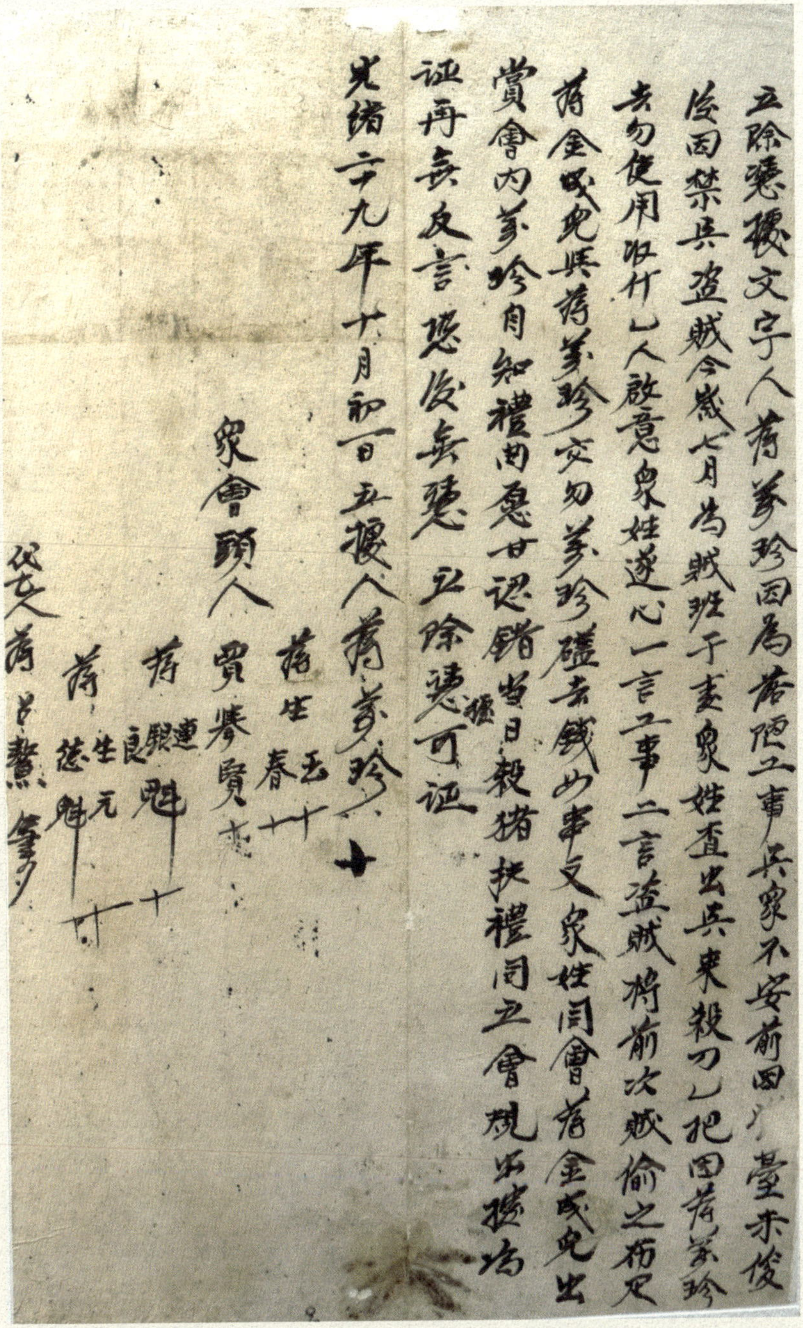
立除惡據文字人蒋万珍因為蒋陋二事兵家不安前四〻堂示俊
後因禁兵盗賊今歲七月為賊班于麦衆姓查出兵來殺刀〻把田蒋万珍
去勿使用收什〻人啟意衆姓遂心一言二事二言盗賊将前次賊偷之布疋
蒋金成兇兵蒋万珍交勿万珍殱去錢四串文衆姓同會蒋金成兇出
賞會內万珍自知禮曲愿甘認錯當日殺猪扶禮同立會規以據為
证再無反言　恐後無憑　立除惡據可证
光绪二十九年十月初一日　立據人蒋万珍　十
衆會頭人　蒋生玉　十　蒋生春　十　贾夆贤　十　蒋腿連　十　蒋良生元　蒋慈魁　十
代笔人　蒋昌熬　筆

录文：

（正面）

立除凭证蒋万珍因为落陋工事兵众不安，前因堂台未后，后因禁兵，盗贼今岁七月为贼班子一众姓，查处兵来杀刀乙（一）把，因蒋万珍去勿使用，收十一人起意，众姓逐心一言工事二言盗贼将前次贼偷之布皮（批），蒋金成儿与蒋万珍交勿，万珍磕去钱二十串文，众姓同会蒋金成儿出赏会内，万珍自知礼曲（屈）愿甘认错，当日杀猪扶礼，同立会规，出据为证，再无反言，恐后无凭，立除凭据可证。

（背面）

光绪二十九年十月初一日

立据人　　蒋万珍

众会头人　　蒋生玉　蒋生春　贾举贤　蒋连魁　蒋银魁　蒋良魁　蒋生原　蒋德魁

代书人　　蒋占鳌　笔

67. 光绪卅年四月初二日立借麦约

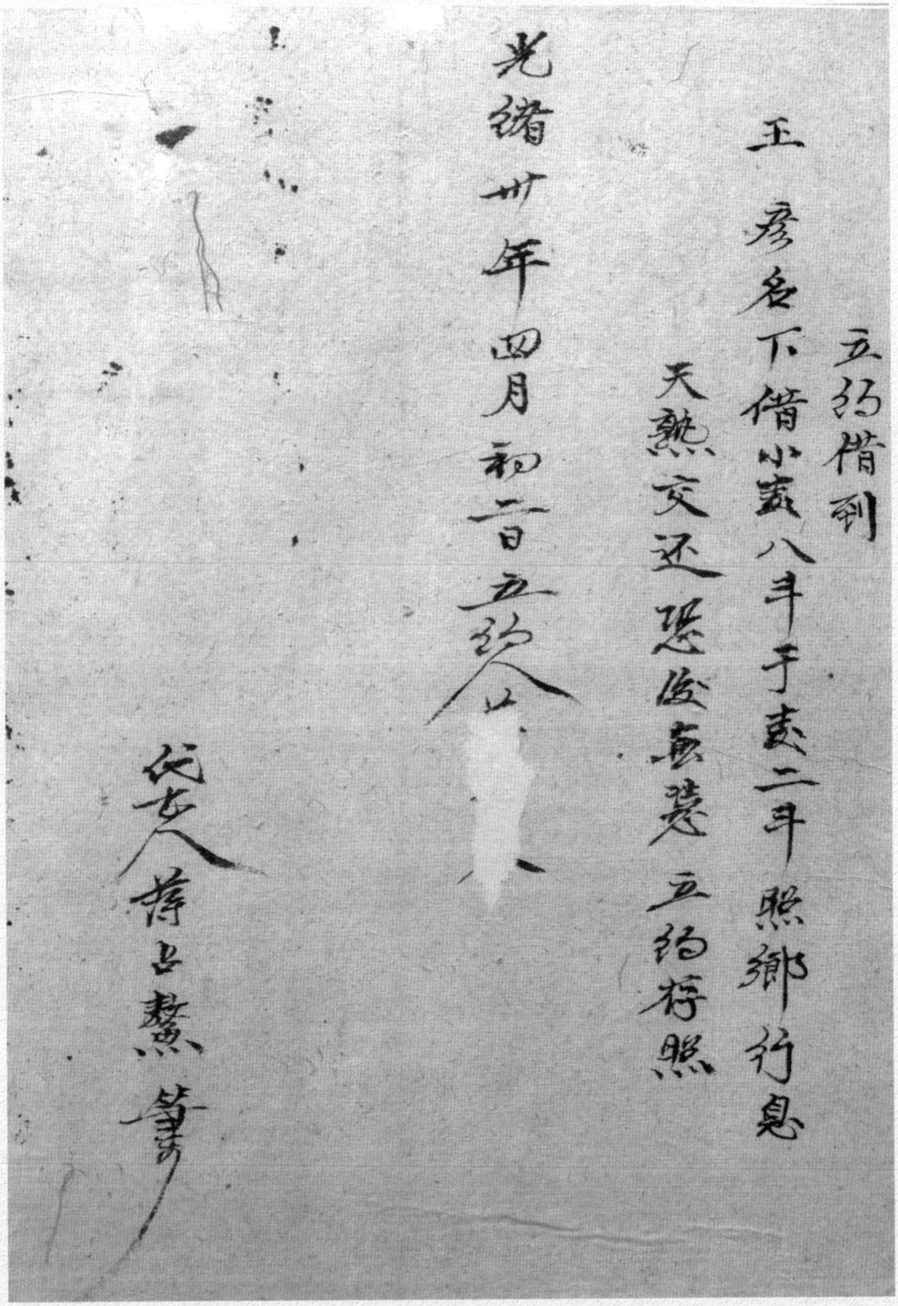
立约借到
王彦名下借小麦八斗，于麦二斗照鄉行息，
天熟交还，恐後無憑，立约存照。
光绪卅年四月初二日立约人
代书人蒋吕鳌 笔

录文：

（正面）

立约借到

王彦名下借小麦八斗于（玉）麦二斗，照乡行息，天熟交还，恐后无凭，立约存照。

光绪卅年四月初二日

立约人　　蒋□□

（背面）

代书人　　蒋占鳌　书

68. 光绪三十年七月二十八日张满福等立凭据

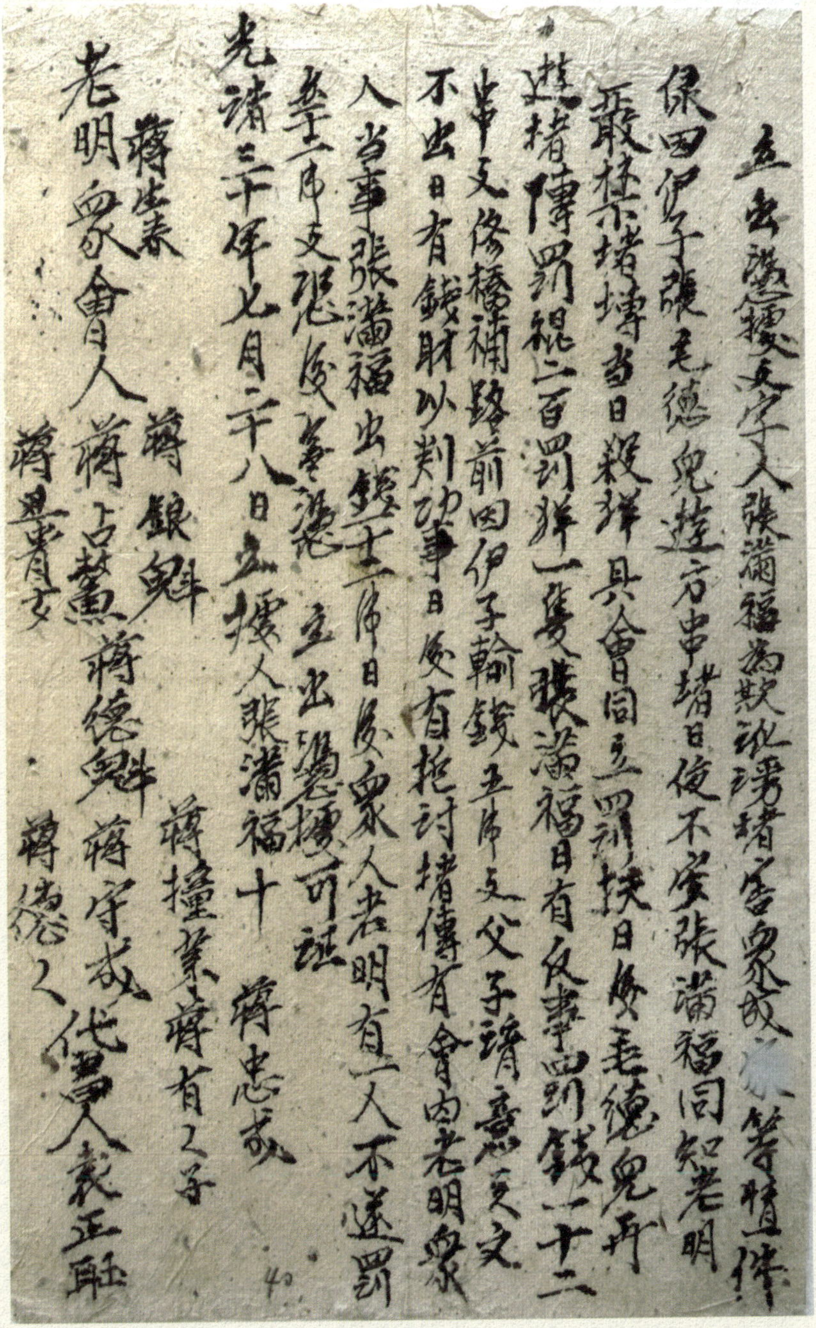

立出遵擬文字人張滿福為欺詐誘賭公眾故□等情，併
係因伊子張老德兒在方中賭日後不容張滿福同知老明
最禁賭博，當日殺羊具會同立罰規，日後老德兒再
進賭博，罰銀二百、罰羊一隻。張滿福日有反事，罰錢一十二
串文，修橋補路。前因伊子輸錢五串文，父子謗意要文
不出，日有錢財以判功事，日後有抵討賭債，有會內老明眾
人當事，張滿福出錢十二串，日後眾人老明有一人不遂，罰
錢十二串文，恐後無憑，立出遵擬可証
光緒三十年七月二十八日 立擬人張滿福 十
蔣忠成
蔣撞業 蔣有子
蔣生泰 蔣銀魁
老明眾會人 蔣占鰲 蔣德魁 蔣守成 代筆人袁正顯
蔣畢青
蔣德人

录文：

立出凭据文字人张满福，为欺讹诱诸害众成家等情一件律，因伊子张毛德儿游方串堵（赌），日后不宁，张满福同知老明严禁堵（赌）博，当日杀羊具（聚）会，同立罚扶，日后毛德儿再游（有）堵（赌）傅（博），罚银二百，罚羊一双。张满福日有反事，罚钱一十二串文，修桥补路。前因伊子输钱五串文，父子清（情愿）意立文不出日有钱财以判功（办公）事，日后有据讨堵（赌）傅（博），有会内老明（民）众人当事张满福出钱一十二串，日后众人老民有一人不遂，罚文一十二串文，恐后无凭，立出凭据可证。

光绪三十年七月二十八日

立据人　张满福（十）

老民众会人　蒋生春　蒋银魁　蒋占鳌　蒋贵女　蒋德魁　蒋撞业　蒋守成　蒋德人　蒋忠成　蒋有有子

代书人　袁正鈺

69. 光绪三十年十二月十五日蒋于城立賸（赊）约

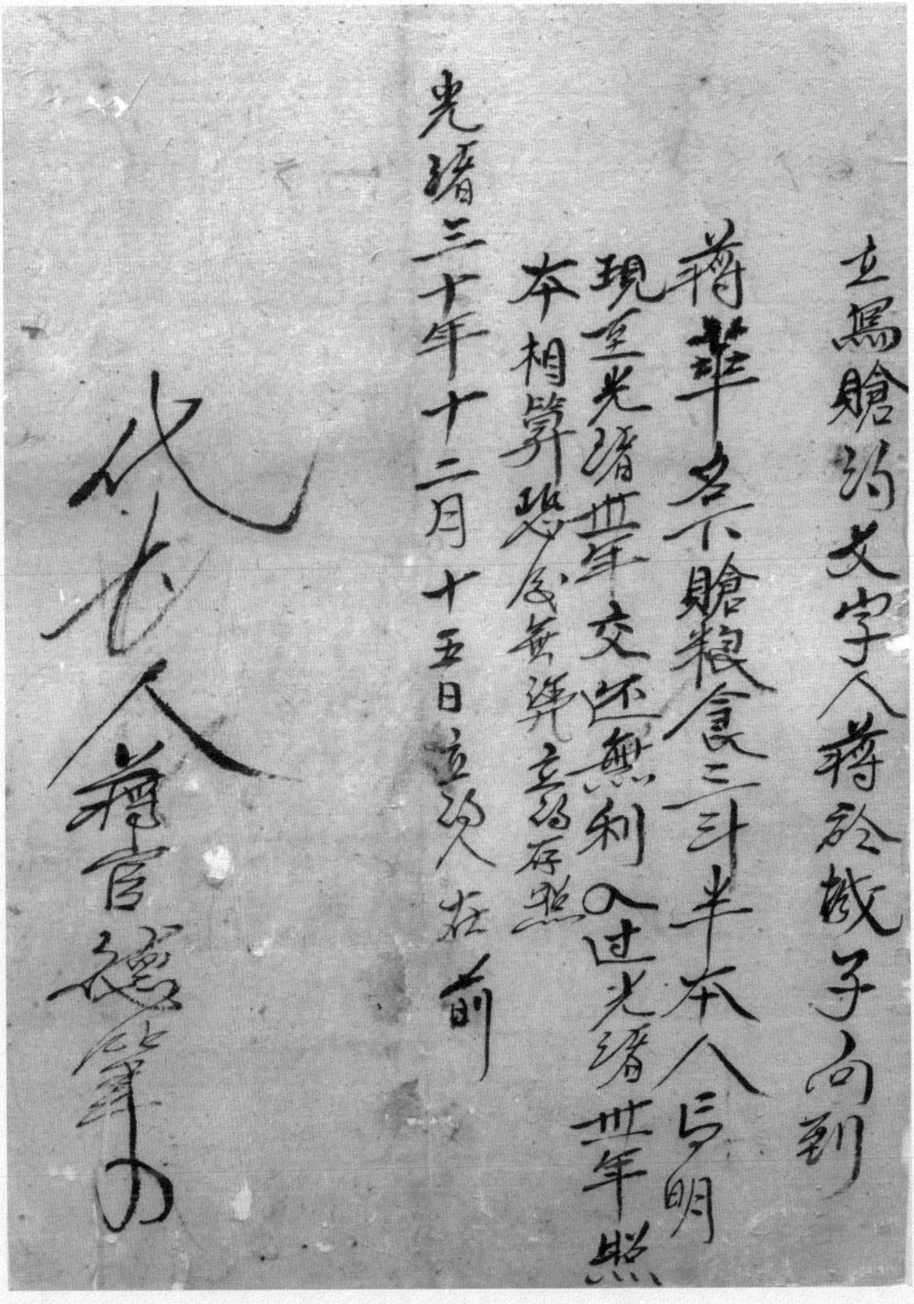
立寫賸約文字人蔣於城子向劉
蔣華名下賸糧食三斗半，本人言明
現至光緒卅年交還，無利，過光緒卅年照
本相算，恐後無憑，立約存照
光緒三十年十二月十五日立約人在前
代書人蔣官德筆

录文：

（正面）

立写贍（赊）约文字人蒋于城子向到

蒋华名下赊粮食三斗半，本人写明现（限）至光绪卅年交还，无利入过，光绪卅年，照本相算，恐后无凭，立约存照。

（背面）

光绪三十年十二月十五日　立约人在前

代书人　　蒋官德　笔

70. 光绪卅年十二月廿八日蒋占义立除凭据

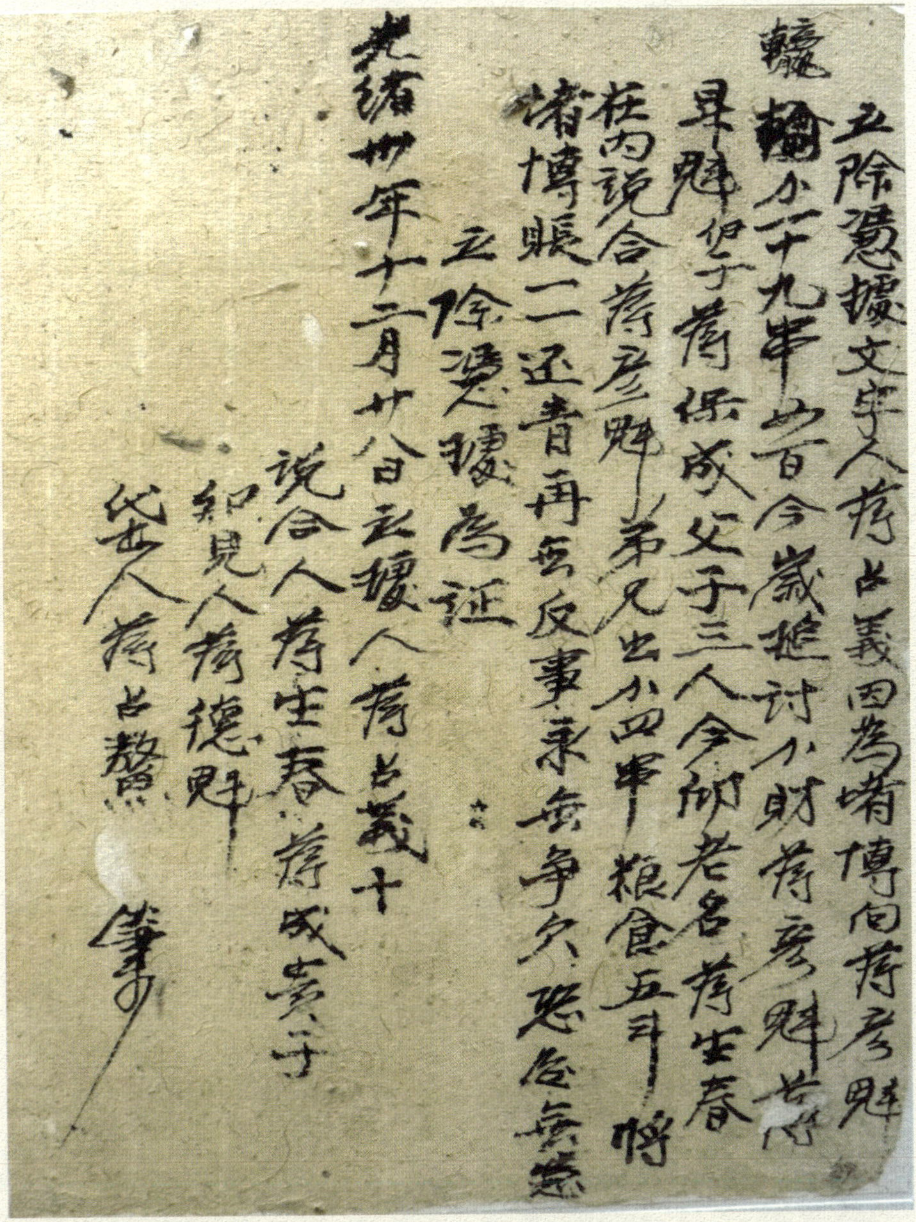

立除憑據文字人蒋占義因為嗜博向蒋彦賢
[illegible]小一十九串，如今歲逢討小財，蒋彦賢昔[illegible]
是賢，但于蒋保成父子三人，今邀老名蒋生春
在内説合，蒋彦賢弟兄出小四串，粮食五斗，將
嗜博賬一一还青，再無反事，衆無争欠，恐后無憑
立除憑據為証
光緒卅年十二月廿八日立據人蒋占義十
说合人蒋生春、蒋成貴子
知見人蒋德賢
代筆人蒋占鰲筆

录文：

（正面）

立除凭据文字人蒋占义，因为堵（赌）博向蒋彦魁赢钱一十九串四百，今岁追讨钱财蒋彦魁、蒋昇魁伊于蒋保成父子三人，今仰老民蒋生春在内说合，蒋彦魁弟兄出钱四串、粮食五斗，将堵（赌）博账一一还青（清），再无反事，永无争欠，恐后无凭，立除凭据为证。

（背面）

光绪卅年十二月廿八日

立据人　蒋占义

说合人　蒋生春　蒋成贵子

知见人　蒋德魁

代书人　蒋占鳌　笔

71. 光绪三十一年四月十六日陈来元儿立田地界限凭据

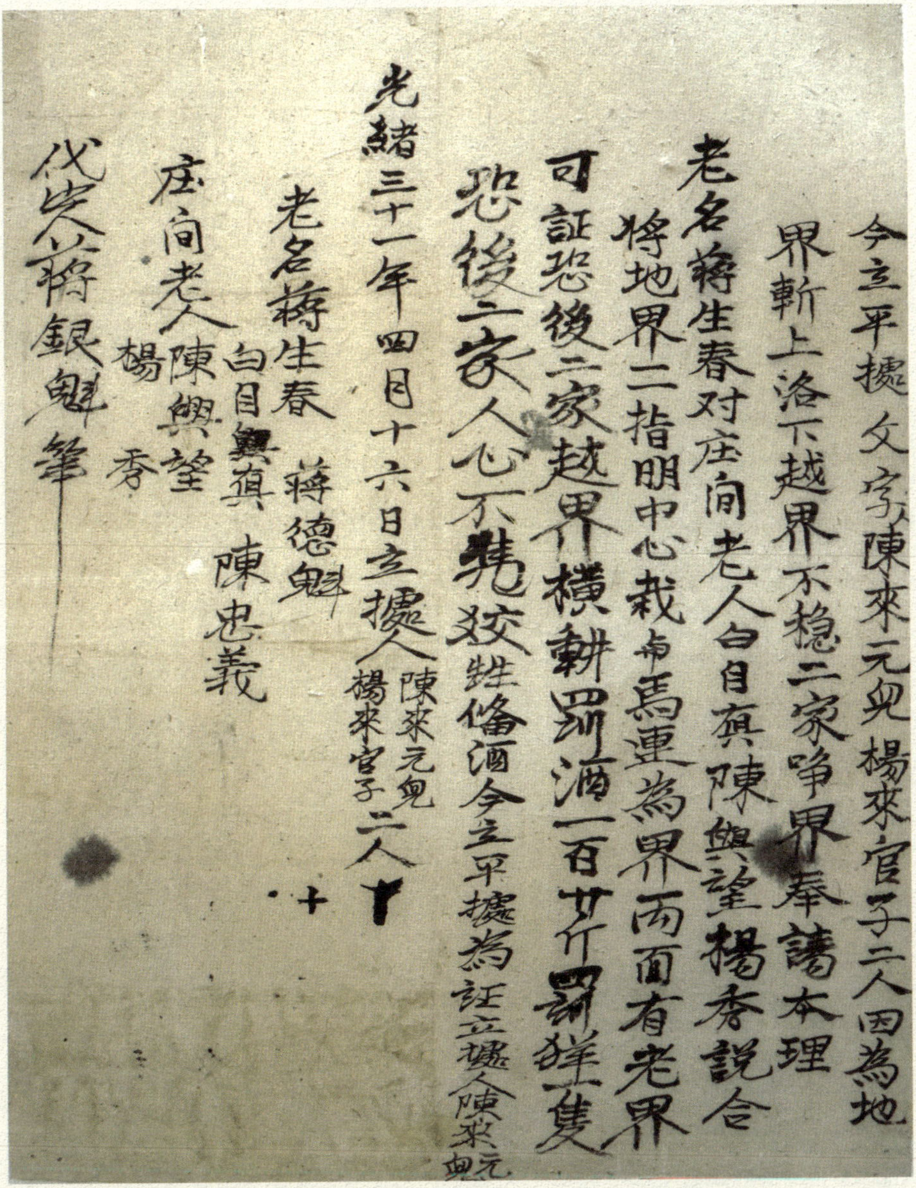
今立平擄文字陳來元兒楊來官子二人因為地
界斬上洛下越界不穩二家爭界奉請本理
老名蔣生春对庄向老人白自真陳與望楊秀說合
將地界二指明中心栽卓馬運為界兩面有老界
可証恐後二家越界橫耕罰酒一百廿斤罰羊一隻
恐後二家人心不一犹效姓備酒今立平擄為証立擄人陳來元兒
光緒三十一年四月十六日立擄人 陳來元兒 楊來官子 二人 十
老名蔣生春 蔣德魁 十
白自真 陳忠義
庄向老人陳與望 楊秀
代字人蔣銀魁筆

录文：

（正面）

今立平（凭）据文字人陈来元儿、杨来官子二人，因为地界斩上洛（掠）下越界不稳，二家争界，奉请本理（里）老名（民）蒋生春对庄间老人白自真、陈兴望、杨秀说合，将地界二指明，中心载与马连为界，两面由老界可证，恐后二家越界横耕，罚酒一百廿斤，罚羊一只，恐后二家人心不隽，狡牲备酒，今立平（凭）据为证，立据人陈来元儿。

（背面）

光绪三十一年四月十六日

立据人　　陈来元儿、杨来官子二人

老名（民）　　蒋生春　蒋德魁

庄间老人　　陈兴望　杨　秀　白自真　陈忠义

代书人　　蒋银魁　笔

72. 光绪三十一年吉月吉日岳平后里新左八甲纳税凭据

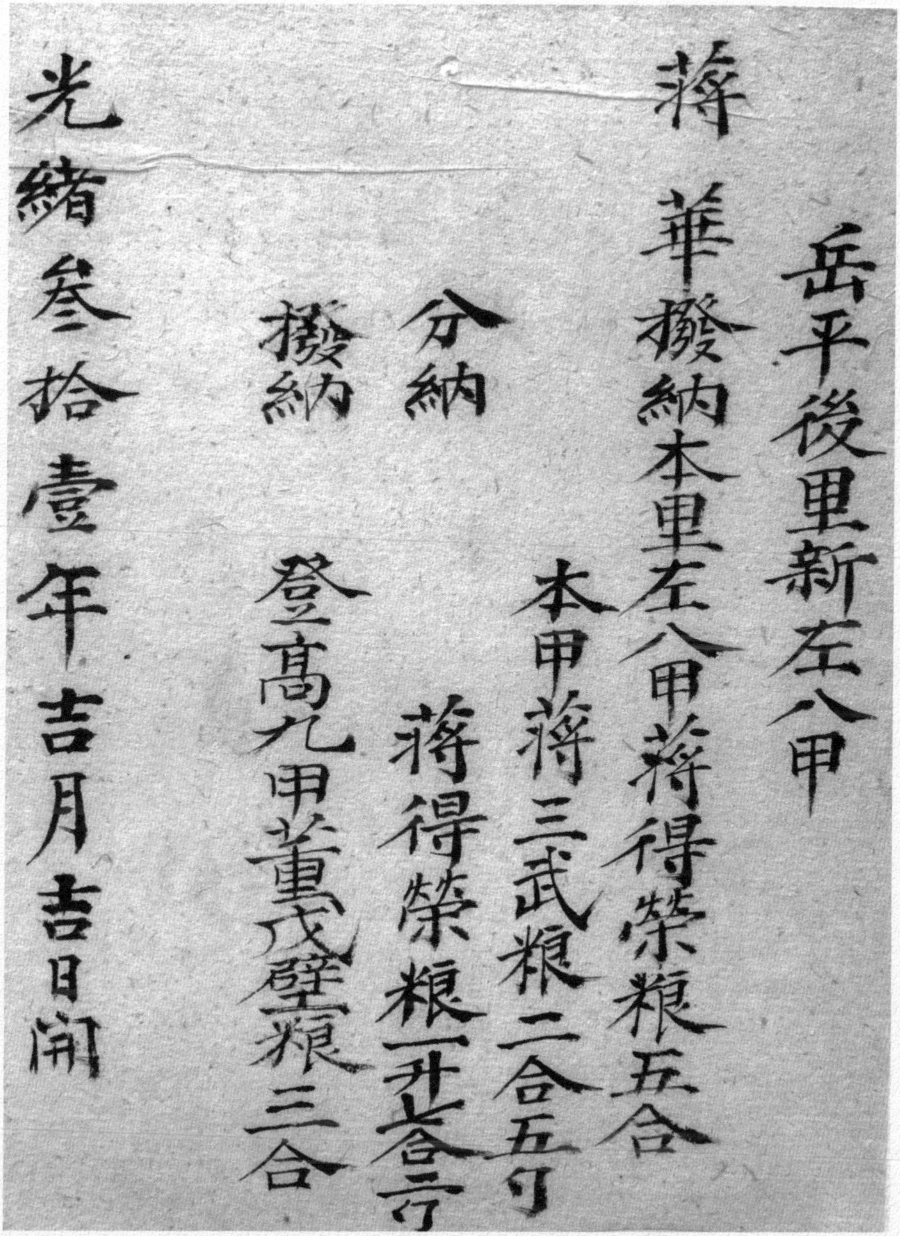

蔣

岳平後里新左八甲

華撥納本里左八甲蔣得榮糧五合

本甲蔣三武糧二合五勺

分納 蔣得榮糧一升七合三勺

撥納 登高九甲董戊璧糧三合

光緒叁拾壹年吉月吉日開

录文：

岳平后里新左八甲

蒋华拨纳本里左八甲蒋得荣粮五合

本甲蒋三武粮二合五勺

分纳　蒋得荣粮一升七合二勺

拨纳　登高九甲董戊壁粮三合

光绪三十一年吉月吉日开

73. 光绪三十一年二月十三日蒋万珍立凭据

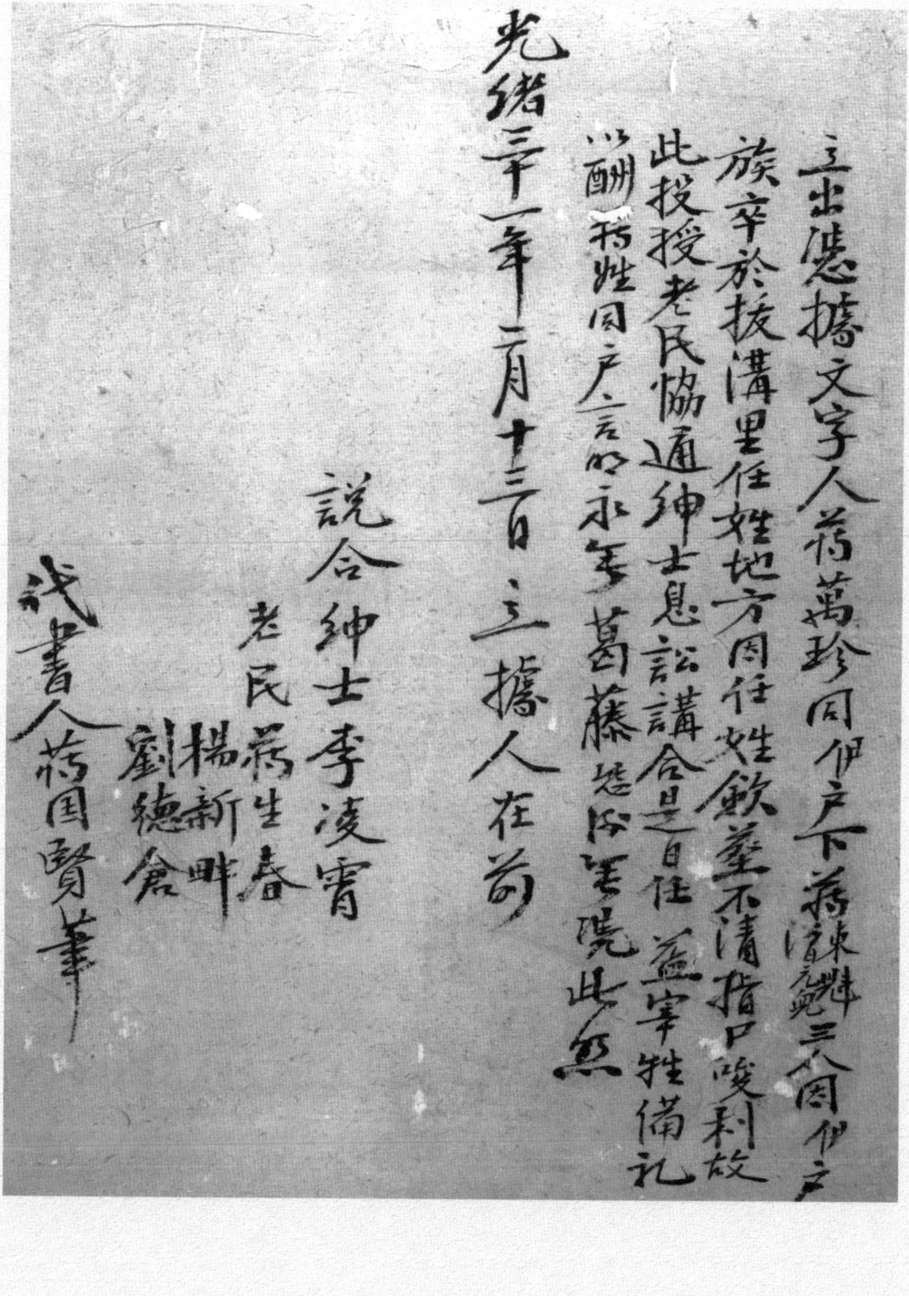
立出憑據文字人蔣萬珍同伊户下蔣清棟元魁三人同伊户
族卒於拔溝里任姓地方因任姓欽塋不清指户唆利故
此投授老民協通紳士息訟講合是日任蔣宰牲備礼
以酬蔣姓同户人言明永無葛藤恐後無憑此照

光緒三十一年二月十三日 立據人在前

說合紳士李凌霄
老民蔣生春
楊新畔
劉德倉

代書人蔣國賢筆

录文：

（正面）

立出凭据文字人蒋万珍，因伊户下蒋东魁、蒋曾元儿三人因伊户族卒，于拔沟里任姓地方，因任姓敛葬不清，指尸唆利，故此投授老民协通绅士息讼讲合，是日任益宰牲备礼以酬蒋姓同户言合，永无葛藤（瓜葛），恐后无凭此照。

光绪三十一年二月十三日

立据人在前

（背面）

说合绅士　　李凌霄

老　民　　蒋生春　杨新畔　刘德仓

代书人　　蒋国贤　笔

74. 光绪三十一年五月十六日马路代子等三人立凭据

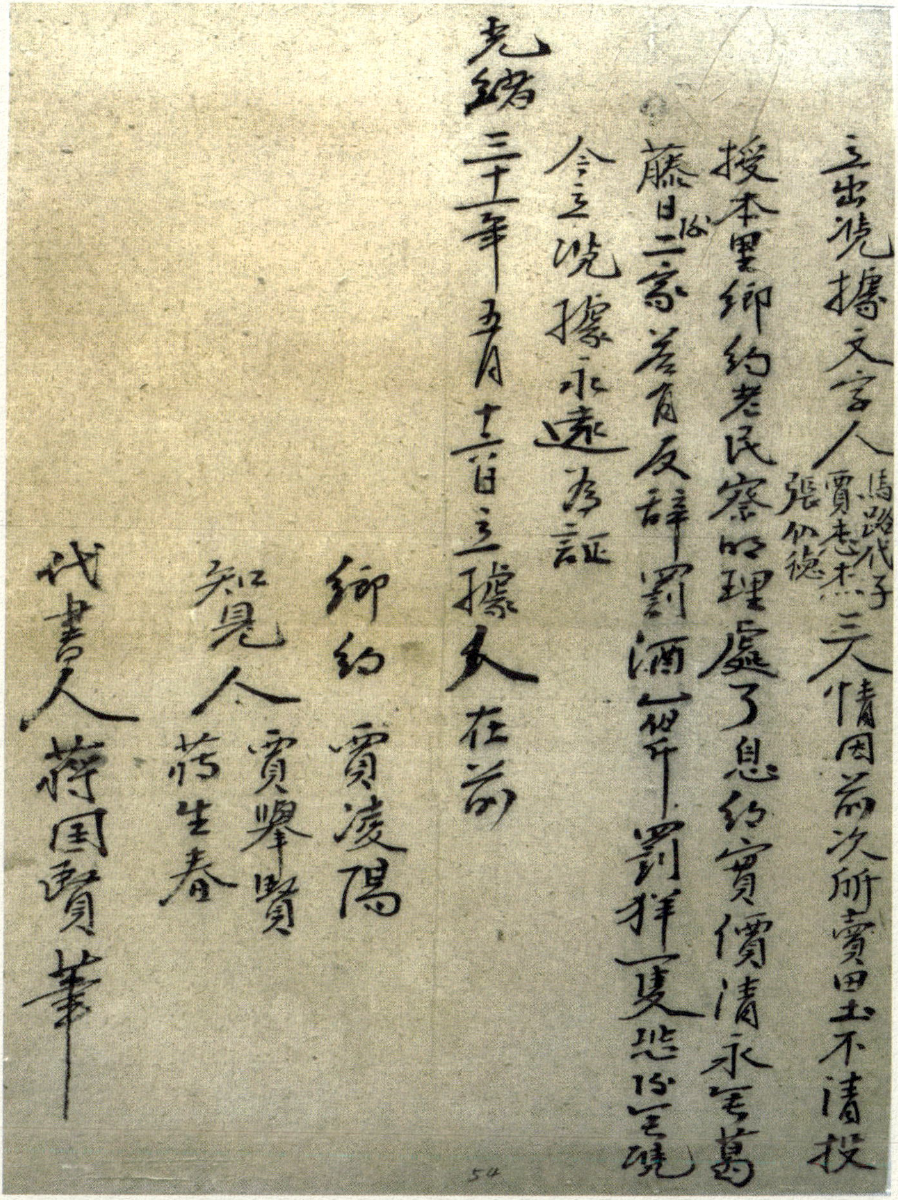
立出凭據文字人馬路代子、賈志杰、張仰德三人，情因前次所賣田土不清，投
投本里鄉約老民察明理處了息，約賈價清，永無葛
藤。日後二家若有反辭，罰酒一席，罰羊一隻，恐口無憑，
今立凭據永遠為証。
光緒三十一年五月十六日立據人在前
鄉約　賈凌陽
知見人　賈舉賢　蔣生春
代書人　蔣國賢　筆

录文：

（正面）

立出凭据文字人马路代子、贾志杰、张仞德三人，情因前次所卖田土不清，投授本里乡约老民，察明理处了息，约实价清，永无葛藤。日后二家若有反辞，罚酒乙百（一百）斤，罚羊一双，恐后无凭，今立凭据，永远为证。

光绪三十一年五月十六日，立据人在前

（背面）

乡　约　　贾凌阳

知见人　　贾举贤　蒋生春

代书人　　蒋国贤　笔

75. 光绪三十一年岳平后里新左八甲蒋勤等纳粮凭据

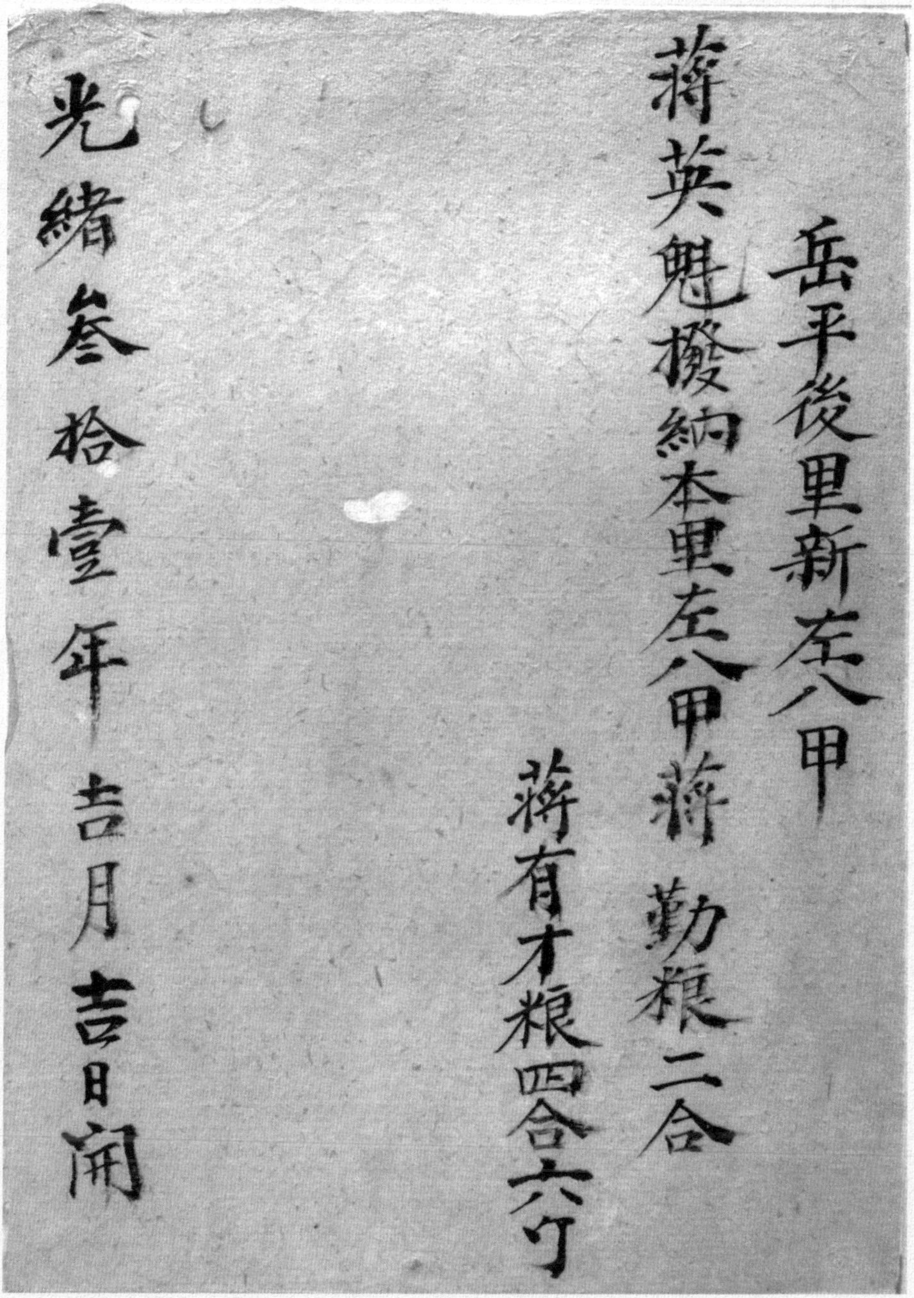

岳平後里新左八甲
蔣英魁撥納本里左八甲蔣 勤糧二合
蔣有才糧四合六勺
光緒叁拾壹年 吉月 吉日 開

录文：

（正面）

岳平后里新左八甲

蒋英魁拨纳本里左八甲蒋勤粮二合

蒋有才粮四合六勺

（背面）

光绪三十一年吉月吉日开

76. 光绪三十一年腊月十六日刘尚福立凭据

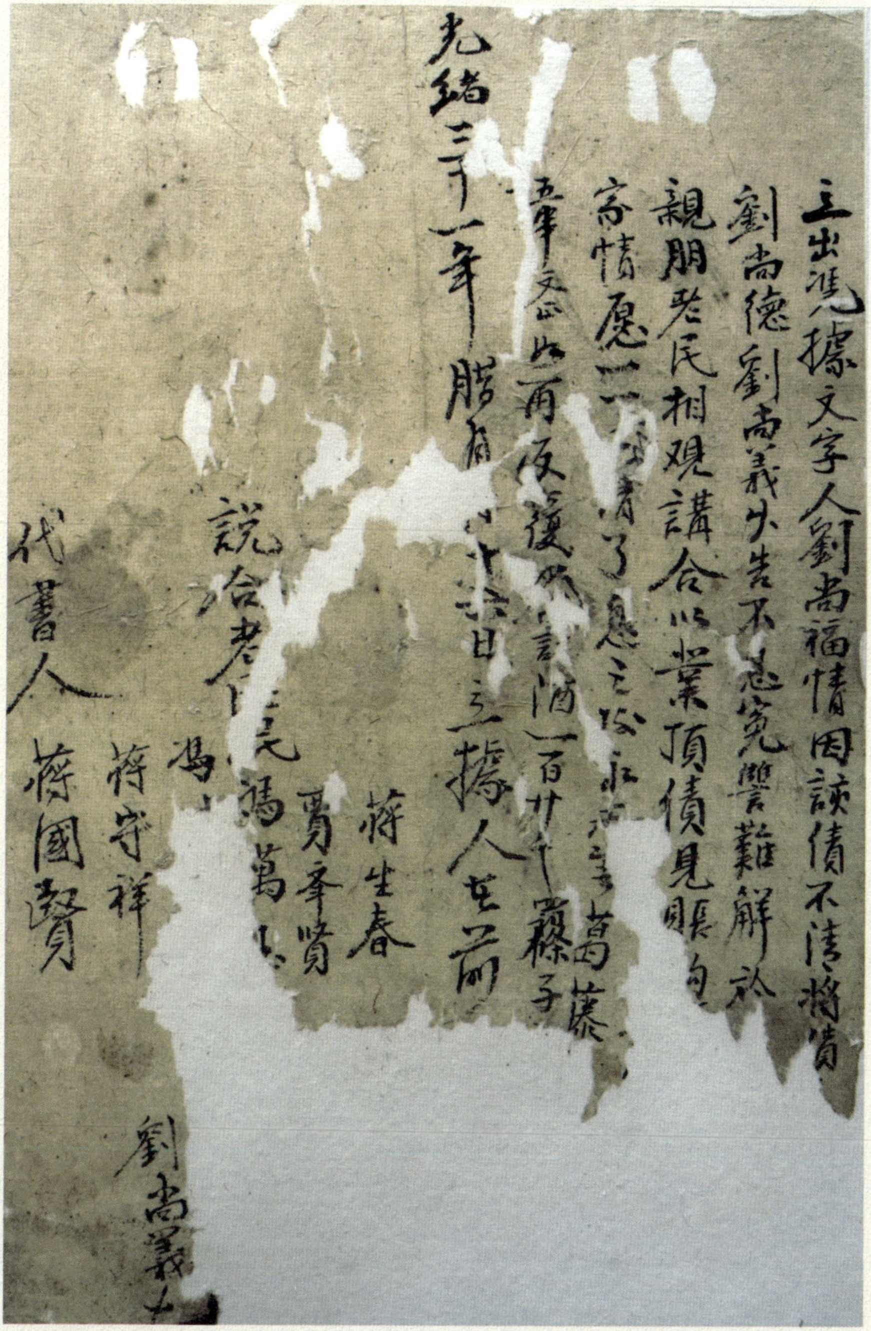
立出凭據文字人劉尚福情因該債不清將貲
劉尚德劉尚義出告不息究竟難解於
親朋老民相現講合以業頂債見賬自
寄情愿一[illegible]清了息之後永不[illegible]言葛藤
五年交出兩次復[illegible]許酒一百廿斤[illegible]子
光緒三十一年臘月十六日立[illegible]據人在前
蔣生春
賈[illegible]賢
說合老人 馮[illegible] 馮萬[illegible]
蔣守祥
代書人 蔣國賢
劉尚義[illegible]

录文：

（正面）

立出凭据文字人刘尚福，情因该债不清，将债□刘尚德、刘尚义以告不寃讐难解，于□亲朋老民相观讲合，以业顶债，见帐勾销家，情愿一一□清了息，之后永不葛藤，□五串文正（整），如再反复（悔），□□□酒一百廿斤，罚条子□□□……

（背面）

光绪三十一年腊月十六日

立据人在前

说合老民　　蒋生春　贾奉贤　冯万玉　冯□□

代书人　　蒋守祥　蒋国贤

□□□　　刘尚义

77. 光绪三十二年三月初三日任德文立婚具书

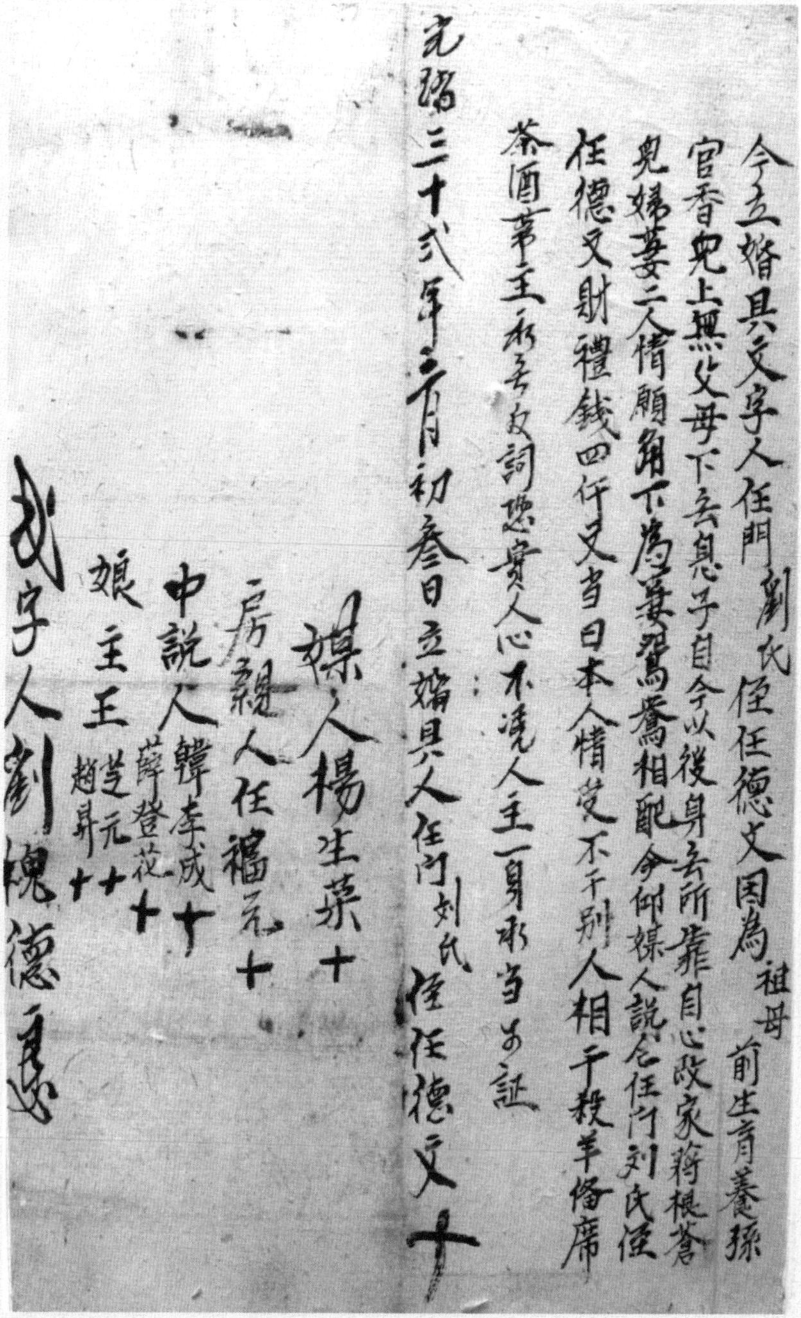
今立婚具文字人任門劉氏侄任德文因為祖母前生育養孫
官香兒上無父母下無息子自今以後身無所靠自心改家將根蒼
兒婦姜二人情願舍下為婚鴛鴦相配今仰媒人説合任门刘氏侄
任德文財禮錢四仟文当日本人情受不干别人相干投羊备席
茶酒萬壬兩無反詞恐貴人心不亮人壬一身承当為証
光緒三十弍年三月初叁日立婚具人任门刘氏侄任德文十
媒人楊生葉十
二房親人任福元十
中説人韓孝成十
薛登花十
王芝元十
趙昇十
娘主王
代字人劉槐德

录文：

（正面）

今立婚具文字人任门刘氏侄任德文，因为祖母前生育养孙官香儿尚无父母，下无息子，自今以后，身无所靠，自心改家（嫁）蒋根苍儿，妇（夫）妻二人情愿角（脚）下为妻，鸳鸯相配。今仰仗媒人说合，任门刘氏侄任德文彩礼钱四千文，当日本人情受，不甘别人相干，杀羊备席茶酒带（待）主永无反词，恐实（识）人心不准，人主一身承当为证。

（背面）

光绪三十二年三月初三日

立婚具人　　任门刘氏侄任德文

媒　人　　杨生荣

房亲人　　任福元

中说人　　韩李成　薛登花

娘　主　　王芝元　王赵昇

代字人　　刘槐德　恳

78. 光绪三十二年八月十三日任德文立除凭具

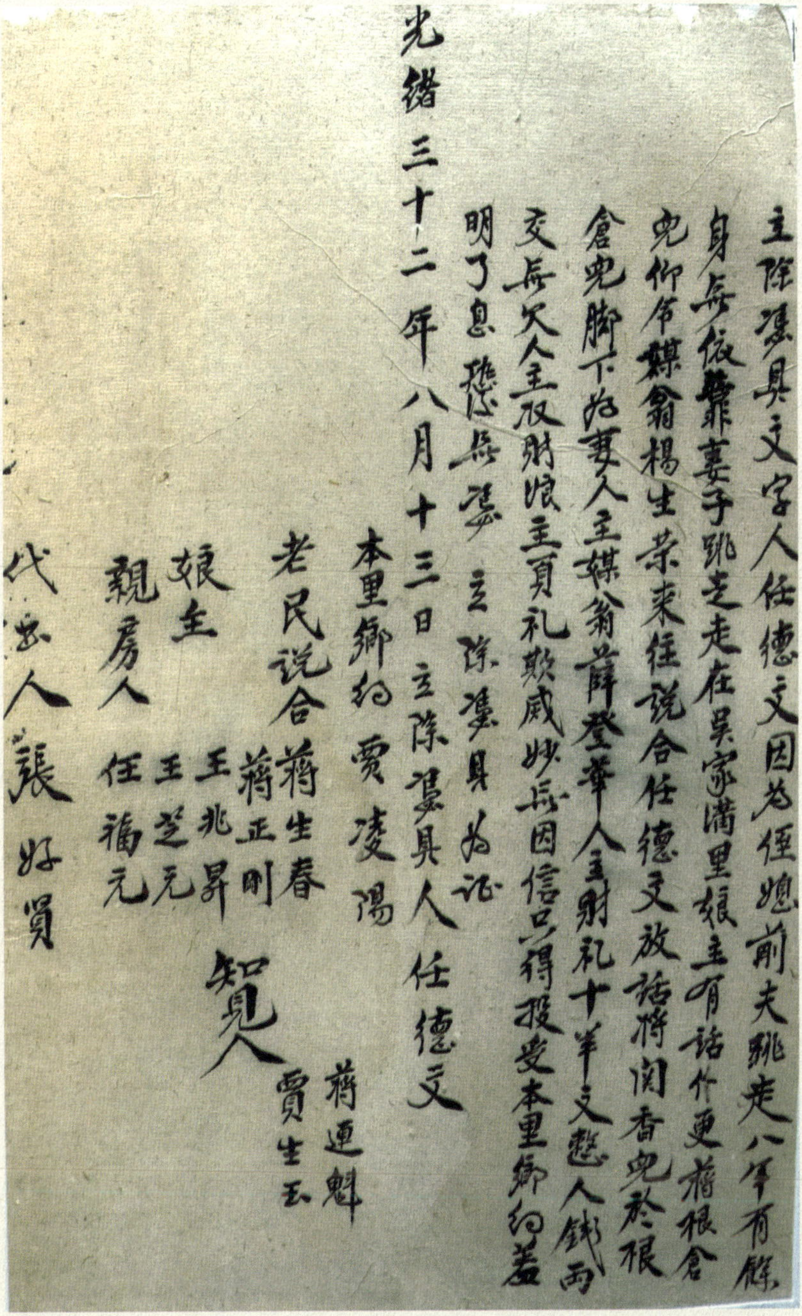

立除凴具文字人任德文，因為侄媳前夫跳走八年有餘，
身無依靠，妻子跳走，走在吴家灣里，根主有話作更，蔣根倉
兒仰付媒翁楊生榮來任說合，任德文放話將閔香兒於根
倉兒脚下為妻，人主媒翁薛登華，人主財禮十串文整，人錢兩
交，無欠，人主及財粮主貝禮欺威，妙無因信口得投，要本里鄉約蓋
明了息，恐無凴，立除凴具為証。

光緒三十二年八月十三日 立除凴具人 任德文

本里鄉約 賈凌陽

老民說合 蔣生春 蔣正剛

娘主 王兆昇 王芝元

親房人 任福元

知見人 蔣運魁 賈生玉

代書人 張好賢

录文：

（正面）

立除凭具文字人任德文，因为侄媳前夫跳走八年有余，身无依靠，妻子跳走，走在吴家沟里，娘主有话作更，蒋根仓儿仰望媒翁杨生荣来往说合，任德文放话，将官香儿于根仓儿脚下为妻，人主媒翁薛登华人主财礼十串文整，人钱两交无欠，人主收财，娘主页礼欺戚，妙（渺）无因信，只得投受本里乡约，盖明了息，恐后无凭，立除凭具为证。

（背面）

光绪三十二年八月十三日

立除凭具人　　任德文

本里乡约　　贾凌阳

老民说合　　蒋生春　蒋正刚

娘　主　　王赵昇　王芝元

房亲人　　任福元

代书人　　张好贤

知见人　　蒋连魁　贾生元

79. 光绪三十二年十月初三日王连城立卖田土活据

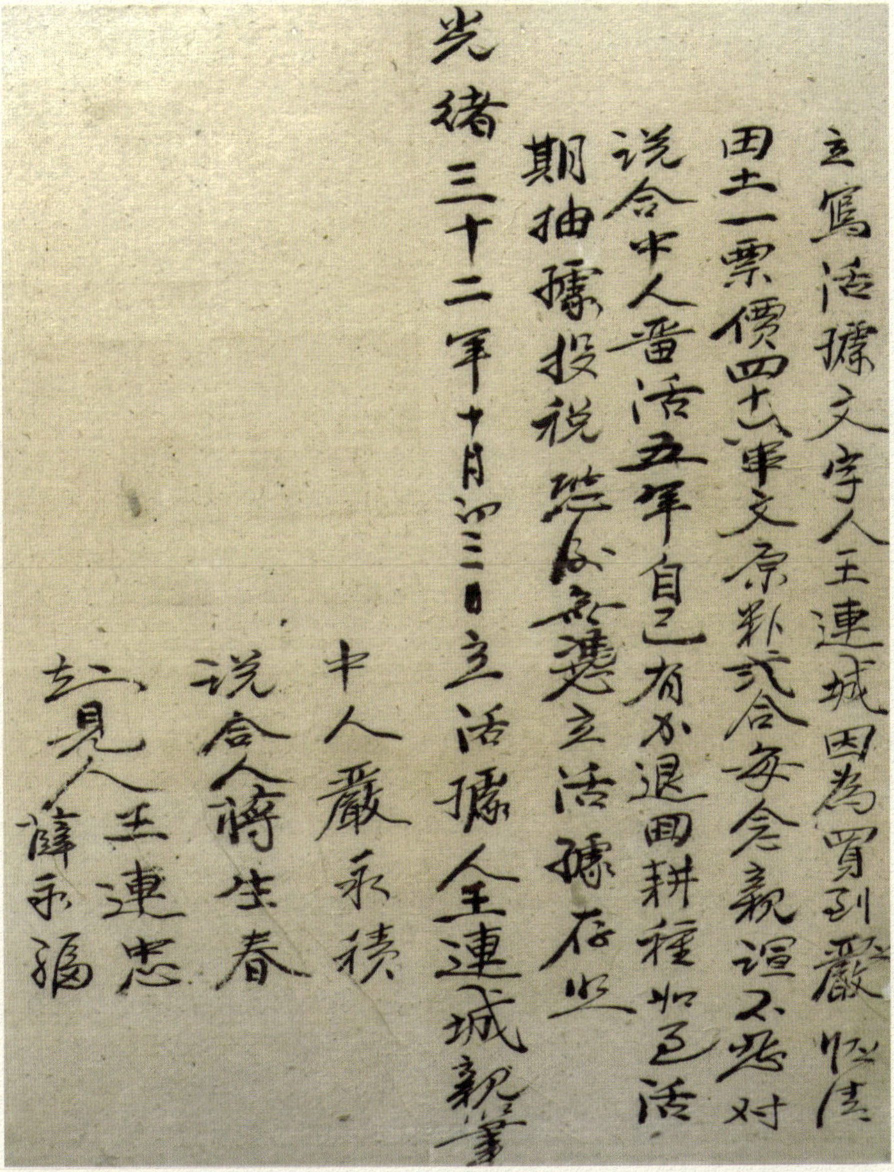
立寫活據文字人王連城因為買到嚴怀信
田土一票價四拾串文原粘弍合每念親誼不忍對
說合中人當活五年自己有分退回耕種如已活
期抽據投稅恐後無憑立活據存照
光緒三十二年十月初三日立活據人王連城親筆
中人嚴永積
說合人蔣生春
在見人王連忠
薛永福

录文：

（正面）

立写活据文字人王连城，因为买到严怀清田土一票，价四十六串文，原粮二合，每念亲誼不恶，对说合中人留活五年，自己有钱退田耕种，如过活期，抽据投税，恐后无凭，立活据存照。

（背面）

光绪三十二年十月初三日

立活据人　　王连城　亲笔

中　人　　严永积

说合人　　蒋生春

知见人　　王连忠　薛永福

80. 光绪三十二年十二月二十六日董蛇连儿立凭据

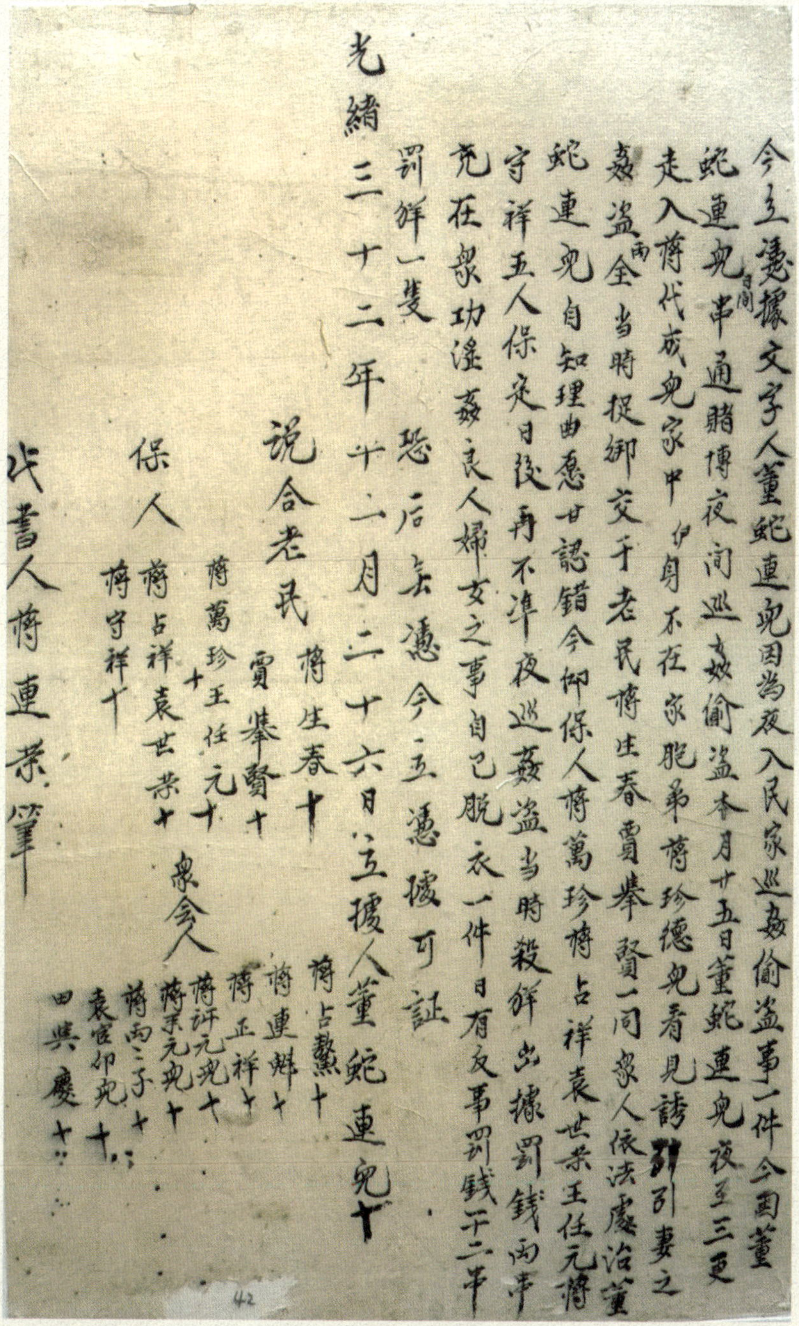

今立憑據文字人董蛇連兒，因為夜入民家巡姦偷盜事一件。今因董蛇連兒日間串通賭博，夜间巡姦偷盜，本月廿五日董蛇連兒夜至三更走入蔣代成兒家中，伊身不在家，胞弟蔣珍德兒看見誘引妻之姦盜，兩全當時捉綁，交于老民蔣生春、賈攀賢一同眾人依法處治。董蛇連兒自知理曲，愿甘認錯，今仰保人蔣萬珍、蔣占祥、袁世榮、王任元、蔣守祥五人保定，日後再不準夜巡姦盜，當時殺鮮出據，罰錢兩串，充在眾功滌姦良人婦女之事，自己脫衣一件，日有反事，罰錢十二串，罰鮮一隻。恐后無憑，今立憑據可証。

光緒三十二年十二月二十六日立據人董蛇連兒十

說合老民 蔣生春十 賈攀賢十

保人 蔣萬珍十 王任元十 蔣占祥十 袁世榮十 蔣守祥十

眾会人 蔣占鰲十 蔣連辦十 蔣正祥十 蔣珩元兒十 蔣某元兒十 蔣兩二子十 袁官卯兒十 田興慶十

代書人蔣連榮筆

42

录文：

（正面）

今立凭据文字人董蛇连儿，因为夜入民家巡奸偷盗事一件，今因董蛇连儿日间串通赌博，夜间巡奸偷盗，本月廿五日董蛇连儿夜至三更，走入蒋代成儿家中，伊身不在家，胞弟蒋珍德儿看见诱引妻之奸盗两全，当时捉绑。老民蒋生春、贾奉贤一同众人依法处置，董蛇连儿自知理曲（屈），愿甘认错，今仰保人蒋万珍、蒋占祥、袁世荣、王任元、蒋守祥五人保定，日后再不准夜巡奸盗，当时杀羊出据，罚钱两串，充在众功。淫奸良人妇女之事，自己脱衣一件，日有反事，罚钱一十二串，罚羊一只，恐后无凭，今立凭据可证。

（背面）

光绪三十二年十二月二十六日

立据人　董蛇连儿

说合老民　蒋生春　贾奉贤

保　人　蒋万珍　蒋占祥　蒋守祥　王任元　袁世荣

众会人　蒋占鳌　蒋连魁　蒋正祥　蒋讲元儿　蒋末（来）元儿　蒋两两子　袁官卯儿　田兴庆

代书人　蒋连荣　笔

81. 光绪卅二年又四月初六日秦门尚氏等立凭据

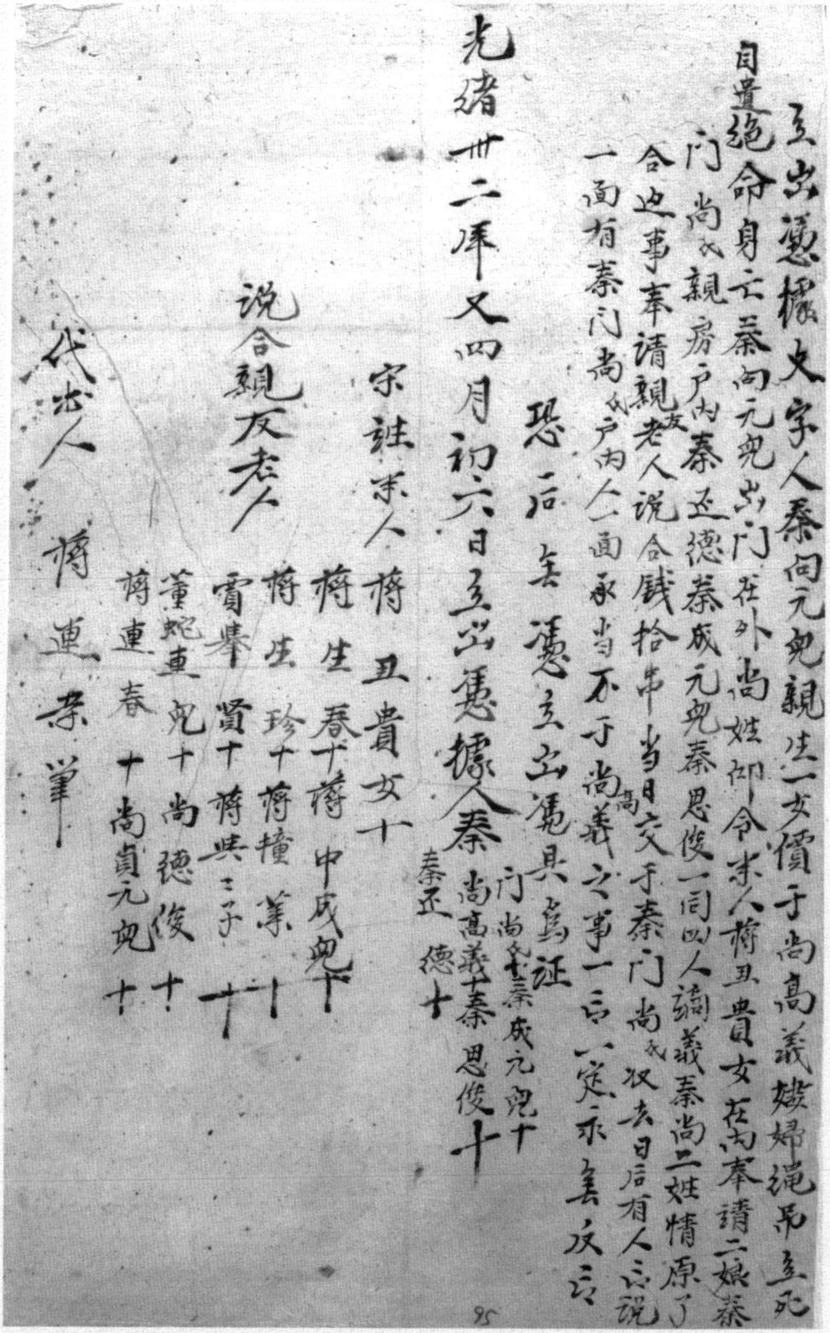

立出憑據文字人秦向元兜親生一女價于尚高義媳婦繩吊立死自置绝命身亡秦向元兜出门在外尚姓邀令宗人蒋丑贵女在内奉请二娘秦门尚氏親房户内秦丞德秦成元兜秦思俊一同以人調義秦尚二姓情原了合此事奉请親友老人说合钱拾串当日交于秦门尚氏收去日后有人言说一面有秦门尚氏户内人一面承当不干尚高義之事一言一定永無反言

恐后無憑立出憑據為証

门尚氏十 秦成元兜十 尚高義十 秦思俊十 秦丞德十

光绪卅二年又四月初六日立出憑據人秦

宗族家人 蒋丑贵女十 蒋生春十 蒋中成兜十 蒋生珍十 蒋撞業十

说合親友老人 霍峯贤十 蒋共子十 董蛇連兜十 尚德俊十 蒋連春十 尚贞元兜十

代书人 蒋連奎筆

录文：

（正面）

立出凭据文字人秦向元儿亲生一女，价（嫁）于尚高义婚妇，绳吊立死，自遗绝命身亡，秦向元儿出门在外，尚姓仰令未（来）人蒋丑贵女在内，奉请二娘秦门尚氏亲房户内秦还德、秦成元儿、秦思俊一同四人商议，秦尚二姓，秦原（情愿）了和这事，奉请亲友老人说合，钱十串，当日交于秦门尚氏，仅去日后有人看说，一面有秦门尚氏户内人一面承当，不于尚高义之事，一言一定，永无反言，恐后无凭，立出凭据为证。

光绪卅二年又四月初六日

立出凭据人　　秦门尚氏　尚高义　秦还德　秦成元儿　秦思俊

（背面）

宋姓未（来）人　　蒋丑贵女

说合亲友老人　　蒋生春　蒋声珍　蒋奉贤　董蛇连儿　蒋连春　蒋忠成　蒋撞业　蒋兴兴子　尚德俊　尚贞元儿

代书人　　蒋连荣　笔

82. 光绪三十二年二月十六日蒋东魁、蒋德魁立保据

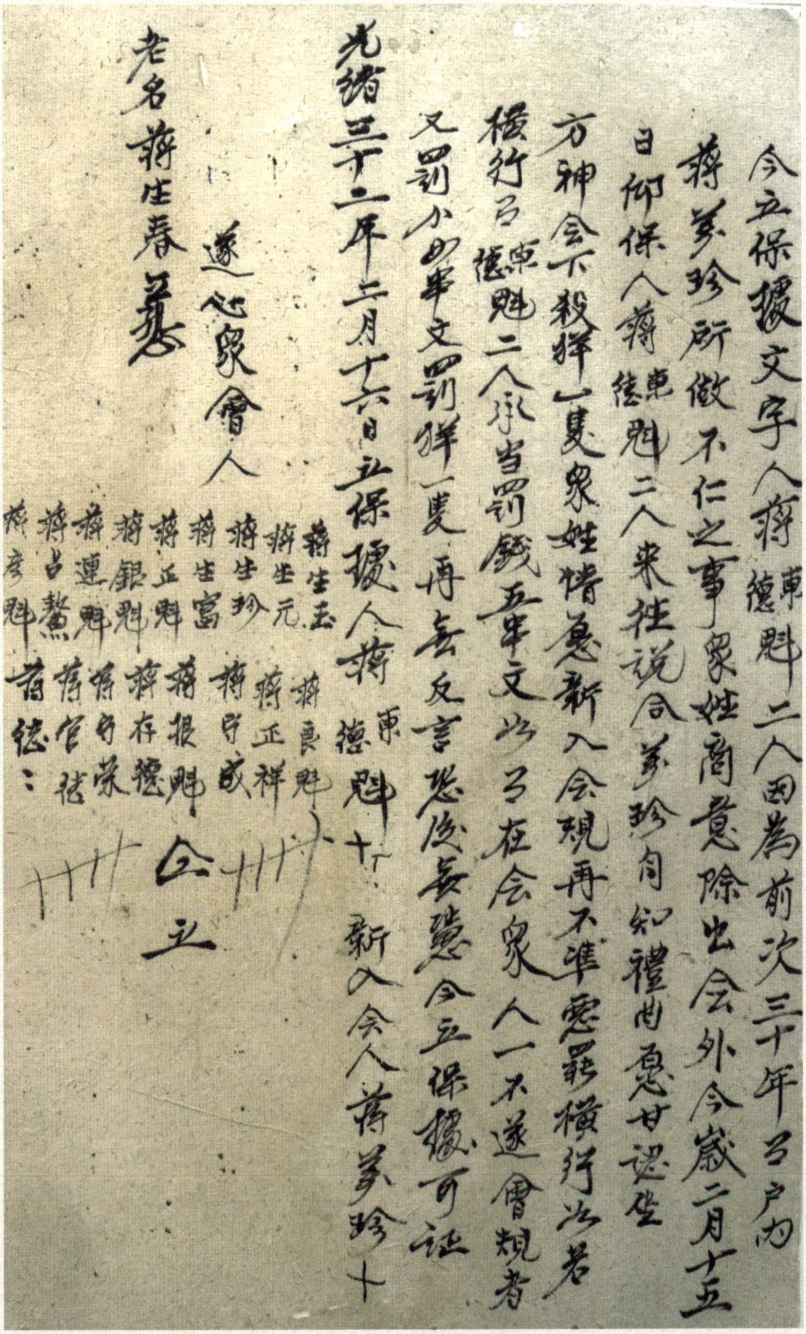
今立保據文字人蔣東魁、德魁二人，因為前次三十年乙户內
蔣芳珍所做不仁之事，衆姓商意除出会外。今歲二月十五
日仰保人蔣東魁、德魁二人来往説合，芳珍自知禮曲，忍甘認坐
方神会下殺羊一隻，衆姓情愿新入会規，再不準惡霸横行。此若
横行，乙東魁、德魁二人承当罰錢五串文。此乙在会衆人一不遂會規者，
又罰小母羊文，罰羊一隻，再無反言。恐後無憑，今立保據可証。
光緒三十二年二月十六日立保據人蔣東魁、德魁 十 新入会人蔣芳珍 十
遂心衆會人
蔣生玉 蔣良魁 蔣生元 蔣正祥 蔣生珍 蔣守成 蔣生富 蔣根魁 蔣正魁 蔣存德 蔣銀魁 蔣守榮 蔣運魁 蔣官禄 蔣占鰲 蔣彦魁 蔣福祿 公立
老名蔣生春 筆

录文：

（正面）

今立保据文字人蒋东魁、蒋德魁二人，因为前次三十年召户内蒋美珍所做不仁之事，众姓商意（议）除出会外，今岁二月十五日仰保人蒋东魁、蒋德魁二人来往说合，美珍自知礼曲（屈），愿甘认坐，方神会下，杀羊一只，众姓情愿新入会规，再不准恶罷（霸）横行。如若横行，蒋东魁、蒋德魁二人承当，罚钱五串文，如若在会，众人一不遂会规者，又罚钱四串文，罚羊一双，再无反言，恐后无凭，今立保据可证。

（背面）

光绪三十二年二月十六日立

保具人　　蒋东魁　蒋德魁

新入会者　　蒋美珍

遂心众会人　　蒋生玉　蒋生元　蒋生珍　蒋生富　蒋正魁　蒋银魁　蒋连魁　蒋占鳌　蒋彦魁　蒋良魁　蒋正祥　蒋守成　蒋根魁　蒋存德　蒋守荣　蒋官德　蒋德德　仝立

老　民　　蒋生春　立凭

83. 光绪三十二年十月廿六日蒋聚仓立凭据

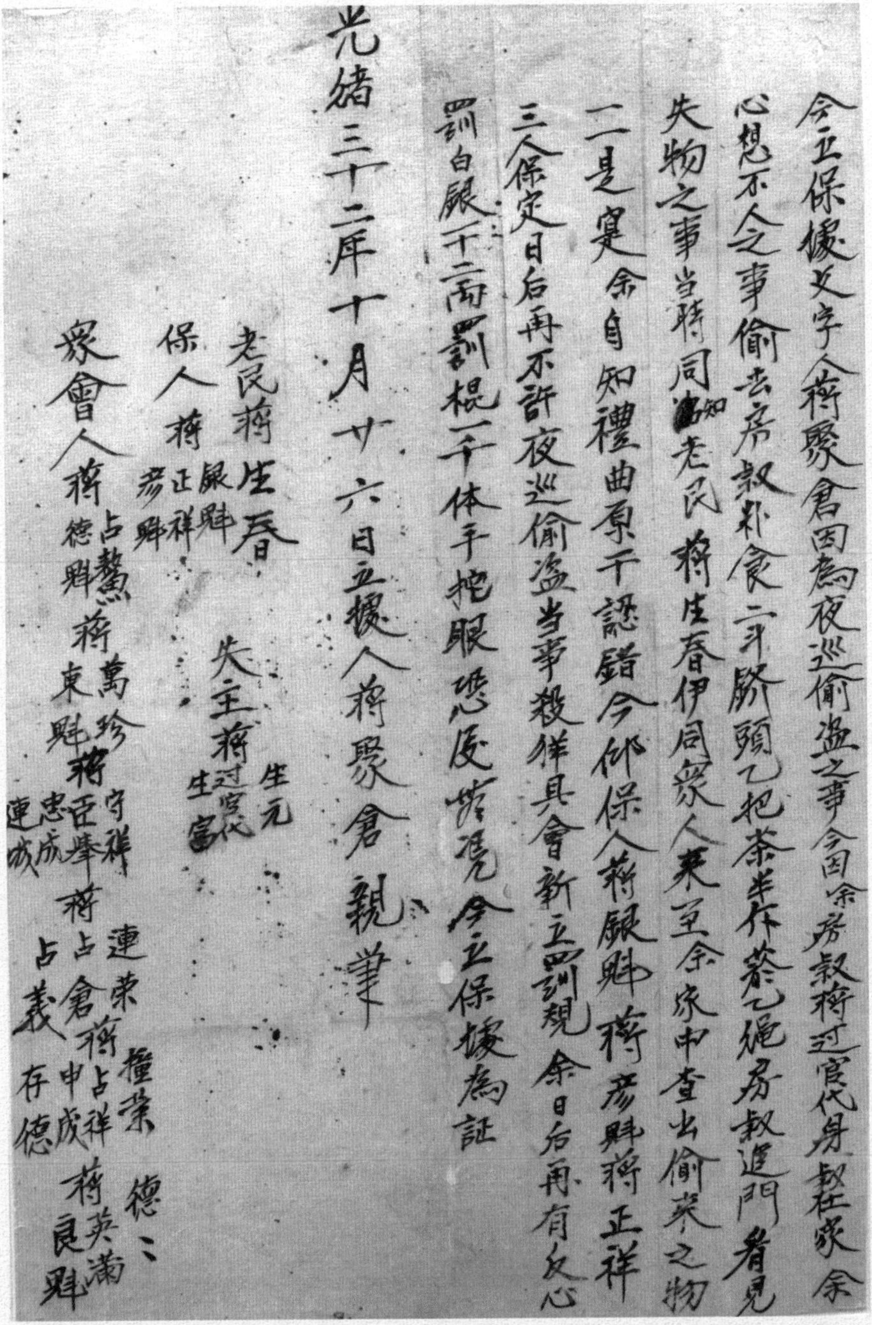
今立保據文字人蔣聚倉因為夜巡偷盜之事今因余房叔蔣过宦代身叔在家余
心想不今之事偷去房叔米食二斗臍頭乙把茶半斤蓑乙繩房叔進門看見
失物之事当時同知老民蔣生春伊同衆人來至余家中查出偷菜之物
一是寔余自知禮曲原干認錯今仰保人蔣飯財蔣彦財蔣正祥
三人保定日后再不許夜巡偷盜当事殺伴具會新立四訓規余日后再有反心
四訓白飯干二斋罰棍一千体手拕眼恐后無凭今立保據為証
光緒三十二年十月廿六日立據人蔣聚倉親筆
老民蔣生春
保人蔣飯財 正祥 彦財
失主蔣生元 过宦代 生富
衆會人蔣占鰲 德財 蔣萬珍 東財 蔣守祥 臣峰 忠成 連成 蔣連榮 占倉 占義 蔣權榮 占祥 中成 存德 德二 蔣英滿 良財

录文：

（正面）

今立保据文字人蒋聚仓，因为夜巡偷盗之事，今因余房叔将过官代量，叔在家，余心想不人之事，偷去房叔粮食二斗、斧头一把、茶半斤、簝一绳（捆）。房叔进门看见失物之事，当时同（通）知老民蒋生春伊同众人来至余家中，查处偷来之物一一是实，自知礼曲（屈），原（愿）干（甘）认错，今仰（央）保人蒋银魁蒋彦魁蒋正祥三人保定日后再不许夜巡偷盗，当事（时）杀羊具会新立罚规，余日后再有反心，罚白银一十二两、罚棍一千、体手挖眼，恐后无凭，今立保据为证。

（背面）

光绪三十二年十月廿六日

立据人　　蒋聚仓　亲笔

老　民　　蒋春生

失　主　　蒋生元　蒋过代　蒋生富

保　人　　蒋银魁　蒋正祥　蒋彦魁

众会人　　蒋占鳌　蒋德魁　蒋万珍　蒋东魁　蒋守祥　蒋臣举

蒋忠成　　蒋连成　蒋连云　蒋占仓　蒋占义　蒋壮业　蒋占祥

蒋申成　蒋存德　蒋德德　蒋英满　蒋良魁

84. 光绪三十三年三月王太贞、王寿才告蒋玉玉子殴毙王氏状书

告狀人王太貞、王壽才，年四十、二十六歲，住寧平新營里，保西鄉張鐘甲，距城三百四十里　民
告為毆斃人命喊祈驗究事。緣小的妹王氏自幼許與蔣孝成之子蔣玉玉子為妻，去
年臘月內完婚。過門後伊家並不看成，小的因係至親，含忍未言。本月初四日陡有來
人蔣存德、蔣連春邀請小的，聲言小的妹王氏於初三日自縊身死。小的即行親往
蔣孝成家，見小的妹屍軀已經抬放在場內，將放，當即揭去棺蓋，看明小的妹王氏兩
腿胯以及胸膛肚臍各有傷痕，係木棒傷，俱是青色，下身未看，實係蔣
孝成、蔣玉玉子父子將小的妹毆斃。小的等情切兄妹，實難甘心，只得喊祈
大老爺驗究施行。再小的因河水過大，致延時日，合併聲明。
計開
兇犯　蔣玉玉子　伊父蔣孝成
兇器　木棒
傷痕　兩腿胯　胸膛　臍肚
處所　蔣玉玉子場內
時日　初三
以上如虛一字，甘認自甘反坐
光緒三十三年三月　日原告

录文：

告状人王太贞、王寿才，年四十六、二十六岁，住岳平新后里，系西乡张铁坝，距城二百四十里，告为殴毙人命喊祈驗究事缘，小的妹王氏自幼许与蒋李成之子蒋玉玉子为妻，去年腊月内完婚过后，伊家并不看成，小的因系至亲含忍未言。本月初四日陡有来人蒋存德、蒋连春邀请小的，声言小的妹王氏于初三日自缢身死，小的即行亲往蒋李成家，见小的妹尸躯已经棺殓在场内停放，当即揭去棺盖，看明小的妹王氏两腮胰以及胸膛肚脐各有伤痕，系木棒伤，俱是青色，下身未看，实系蒋李成、蒋玉玉子父子将小的妹殴毙，小的等情切兄妹，实难甘心，只得□祈大老爷驗究施行再，小的因河水过大致延时日合并声明。

计开

凶犯　　蒋玉玉子　伊父　蒋李成

凶器　　木棒

伤痕　　两腮胰　胸膛　脐肚

处所　　蒋玉玉子　场内

时日　　初三

以上如有一字差（错）证，自甘反坐（牢）

光绪三十三年三月□□日　原告王太贞、王寿才　具状

85. 光绪三十八年二月二十日刘尚福借约

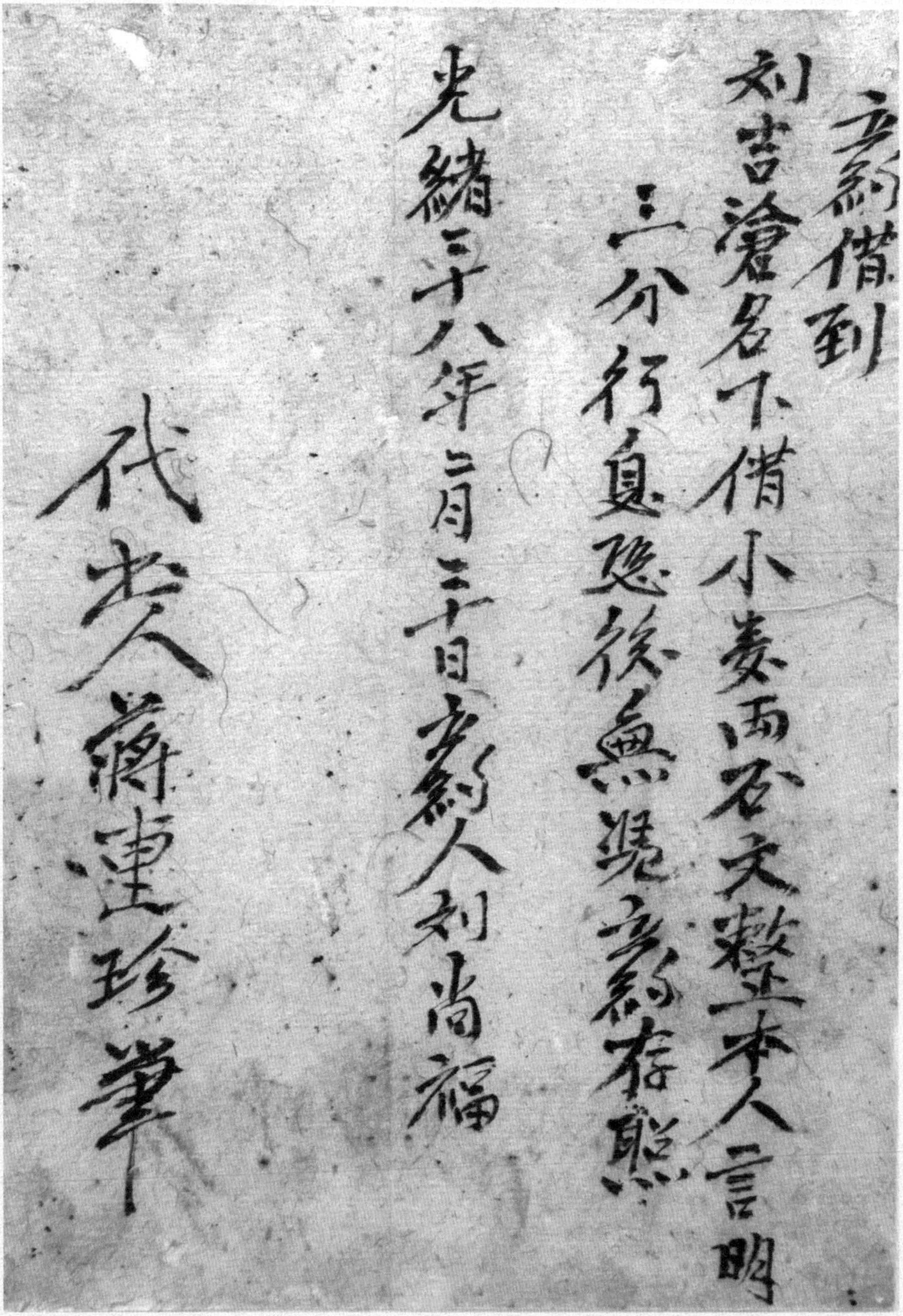
立約借到
刘吉滄名下借小麦两石文整本人言明
三分行息恐後無憑立約存照
光緒三十八年二月二十日立約人刘尚福
代書人蔣連珍筆

录文：

（正面）

立约借到

刘吉沧名下借小麦两石（担），文整（证）本人言明，三分行息，恐后无凭，立约存照。

（背面）

光绪三十八年二月二十日

立约人　　刘尚福

代书人　　蒋连珍　书

86. 宣统二年十月十五日蒋生春立借钱约

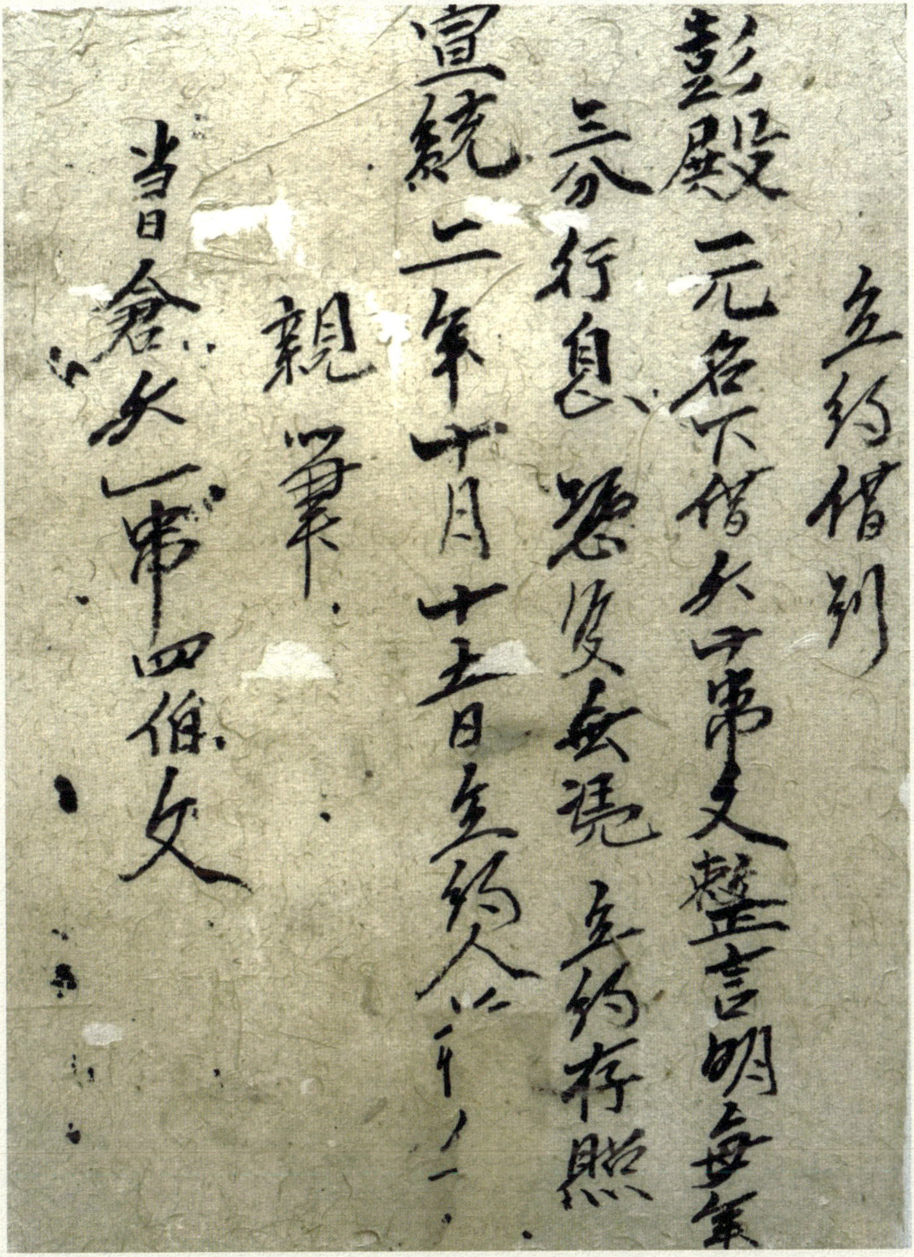
立约借到
彭殿元名下借大钱壹串文整，言明每年
叁分行息。恐后无凭，立约存照。
宣统二年十月十五日立约人
亲笔
当日会大钱壹串四佰文

录文：

（正面）

立约借到

彭殿元名下借钱十串文整，言明每年三分行息，恐后无凭，立约存照。

（背面）

宣统二年十月十五日

立约人　　蒋□□　亲笔

当日仓钱一串四百文

87. 民国五年全月宦生贵立退婚凭据

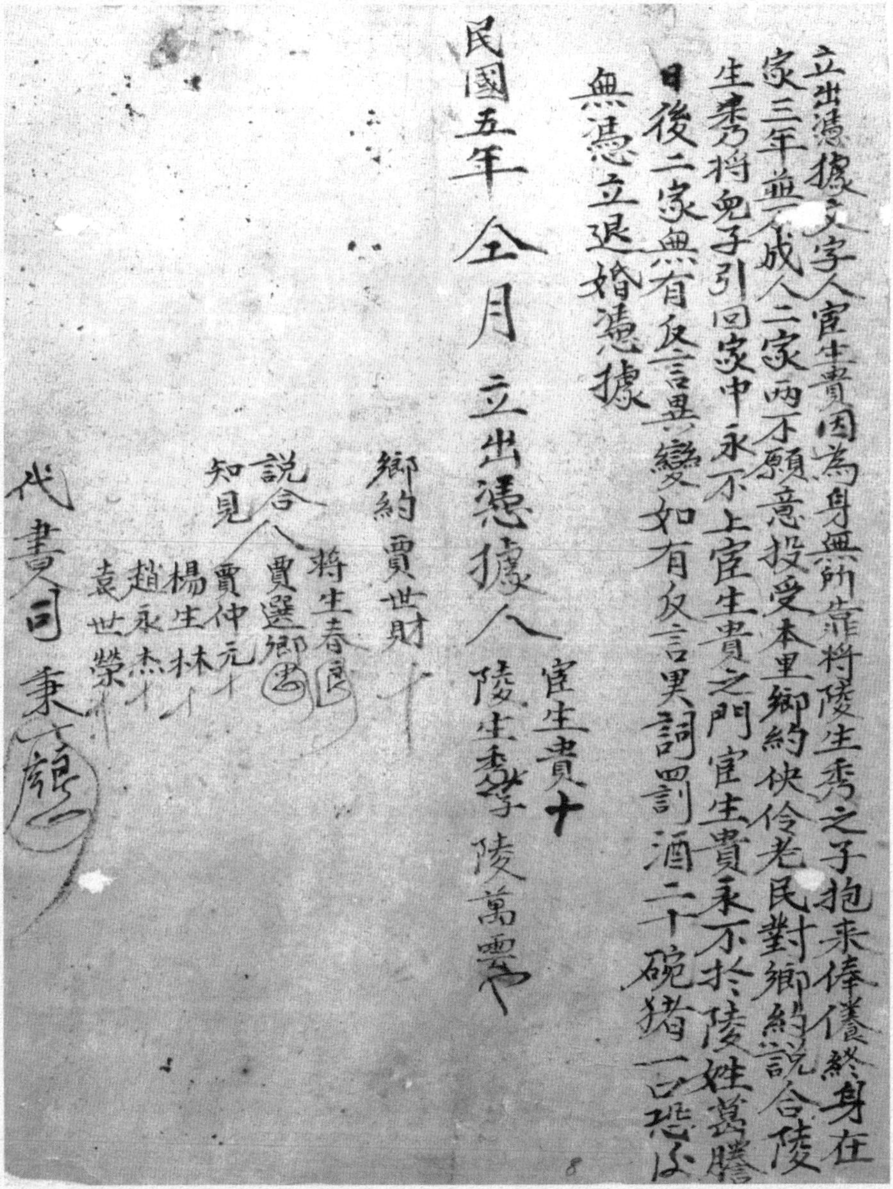

立出憑據文字人宦生貴因為身無所靠將陵生秀之子抱来俸養終身在
家三年並不成人二家兩不願意投受本里鄉約伙令老民對鄉約說合陵
生秀將兒子引回家中永不上宦生貴之門宦生貴永不於陵姓萬勝
日後二家無有反言異變如有反言異詞罰酒二十碗猪一口照ふ
無憑立退婚憑據

民國五年仝月 立出憑據人 宦生貴十 陵生秀 陵萬雲

鄉約 賈世財十

說合人 將生春 賈選卿

知見 賈仲元 楊生林 趙永杰 袁世榮

代書 司秉德

录文：

（正面）

立出凭据文字人宧生贵因为生无所靠，将陵生秀之子抱来俸养终身，在家三年并不成人，二家并不愿意，投受本里乡约，佒伶（央令）老民对乡约说合，陵生秀将儿子引（领）回家中，永不上宧生贵之门。宧生贵永不渝（与）陵姓葛藤（瓜葛），日后二家无有反言异变，如有反言异词，罚酒二十碗，猪一口，恐后无凭，立退婚凭据。

民国五年全月　立出凭据人　宧生贵　陵生秀子　陵万云

（背面）

乡　约　　贾世财

说　合　　蒋生春　贾选乡　贾仲元

知　见　　杨生林　赵永杰　袁世荣

代书人　　司秉□

88. 民国六年三月初四日蒋耒（来）祥卖地契

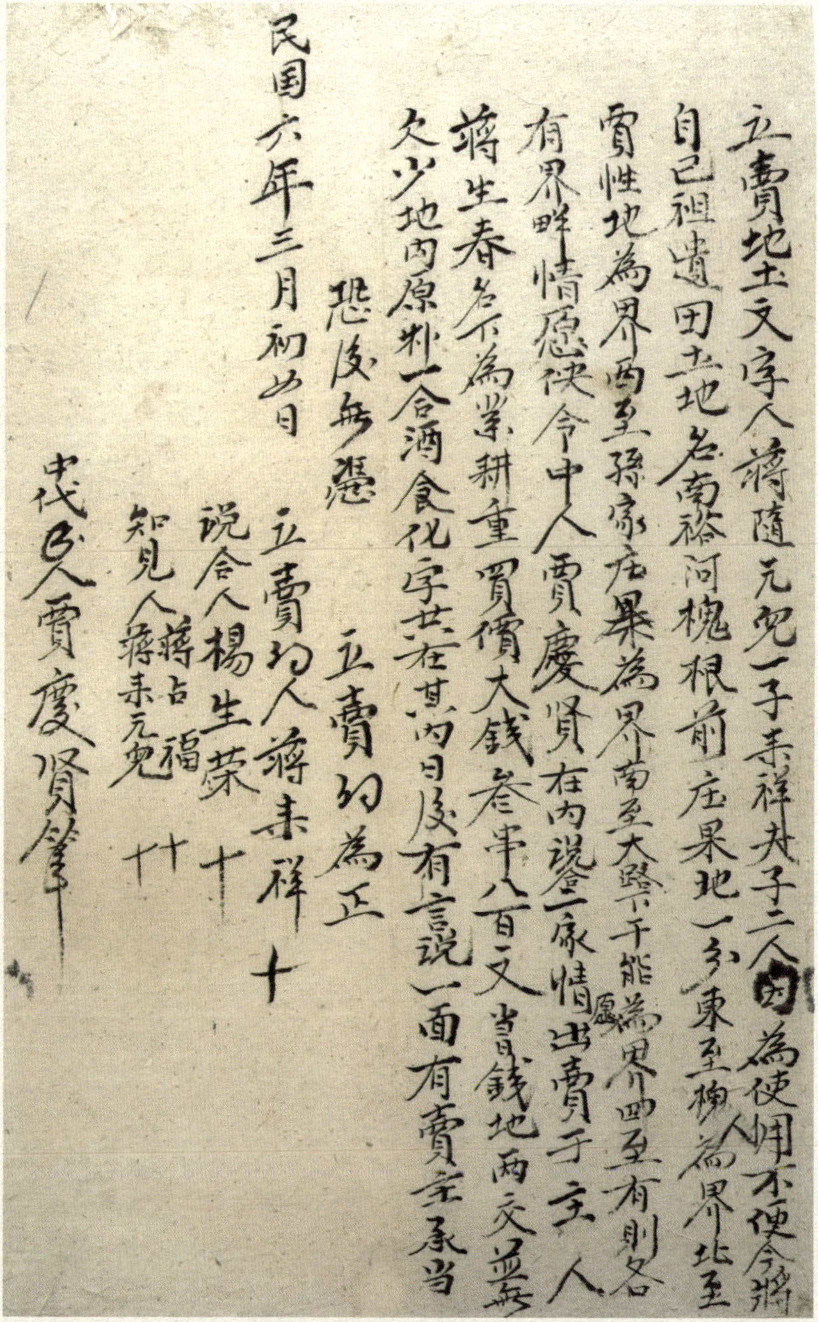
立賣地土文字人蔣隨元兒一子耒祥夫子二人因為使用不便今將
自己祖遺田土地名南峪河槐根前庄果地一分東至柳人為界北至
賈姓地為界西至孫家庄果為界南至大路下干能為界四至有則名
有界畔情愿央令中人賈慶賢在内説合一家情愿出賣于主人
蔣生春名下為業耕重買價大錢叁串八百文当日錢地兩交並無
欠少地内原粃一合酒食化字共在其内日後有言説一面有賣主承当
恐後無憑
立賣約為正
民国六年三月初四日
立賣約人蔣耒祥 十
説合人楊生榮 十
知見人蔣占福
蔣耒元兒 十十
中代笔人賈慶賢筆

录文：

（正面）

立卖地土文字人蒋随元尔一子，耒（来）祥夫子二人，因为使用不便，今将自己族遗田土地名南裕河槐根前庄果地一分，冬至槐树为界，北至贾性（姓）地为界，西至孙家庄果为界，南至大路下干能为界，四至有则各有界畔（伴），情愿（倎）立中人贾庆贤在内说合二家，情愿出卖于主人蒋生春名下为业耕重（种），买价大钱三串八百文，当日钱地两交，并无欠少，地内原补一合，酒食化字共在其内，日后有言说一面，有卖主承当。

（背面）

恐后无凭，立卖约为正（证）。

民国六年三月初四

立卖约人　　蒋耒（来）祥

说合人　　杨生荣

知见人　　蒋占福　蒋耒（来）元儿

中见人　　蒋庆贤　书

89. 民国二十五年出入流水丈（账）一本 （封面）

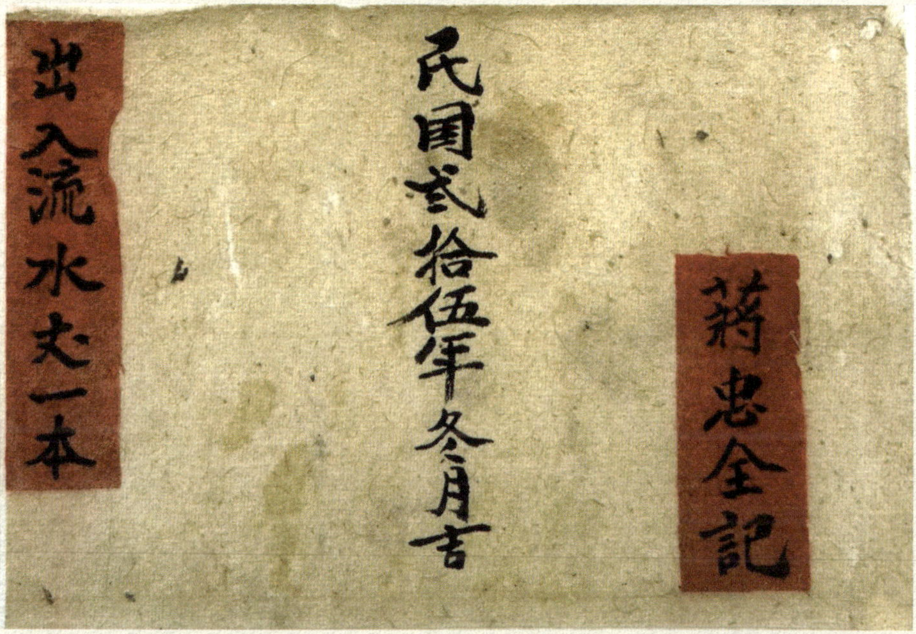

录文：

蒋忠全记

民国二十五年冬月吉

出入流水丈（账）一本 （封面）

90. 民国卅九年六月廿三日贾璧玉立卖地约

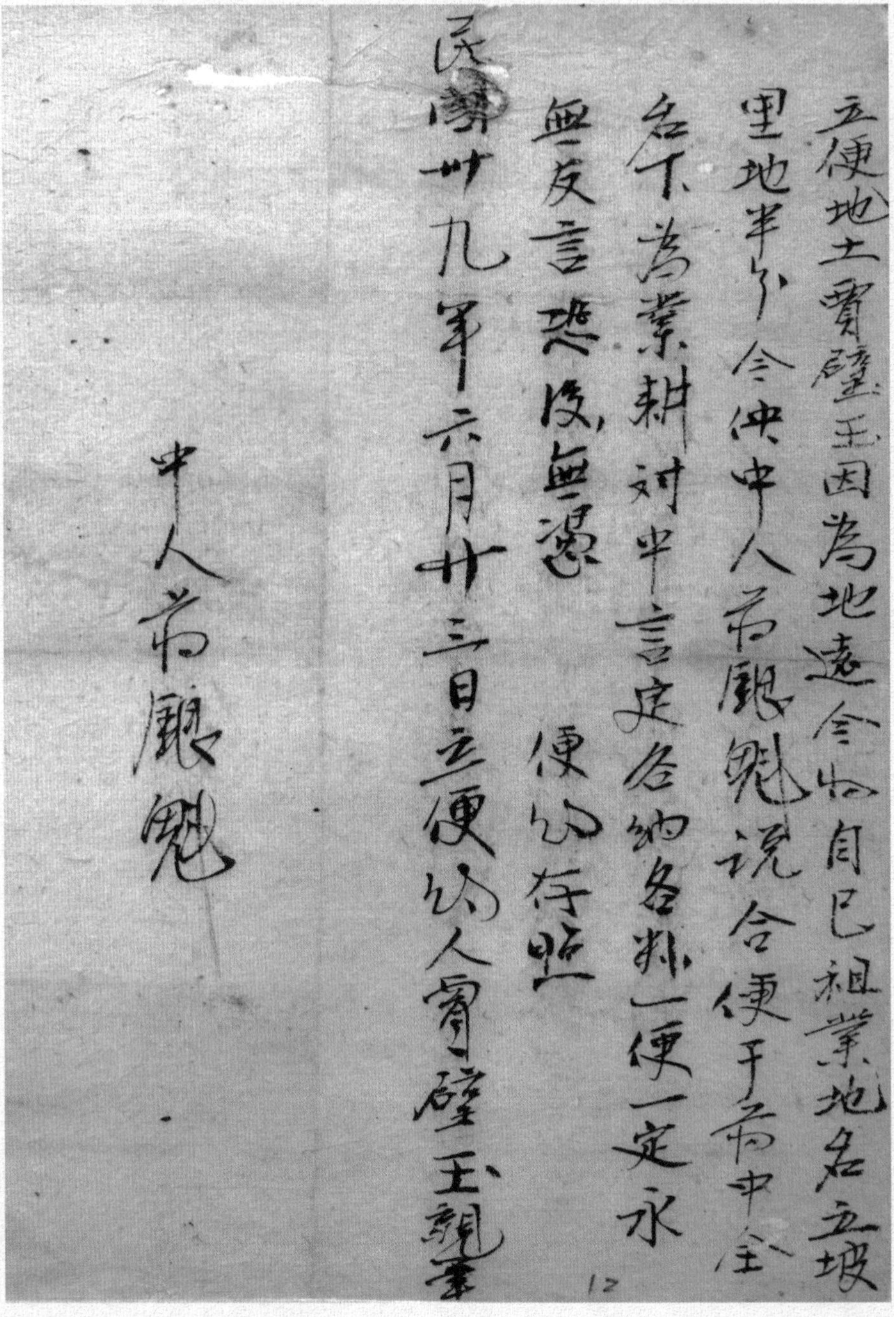

立便地土賈璧玉因為地遠今將自己祖業地名立坡
里地半分今央中人苗鳳魁说合便于苗中全
名下為業耕对中言定各納各粮一便一定永
無反言 恐後無憑 便约存照
民國卅九年六月廿三日立便约人賈璧玉親筆
中人苗鳳魁

录文：

（正面）

立便地土贾璧玉因为地远，今将自己祖业地名立坡里地半分，今仰（央）中人蒋银魁说合，便（價）于蒋中全名下为业耕，刘中言定，各纳各粮，一便一定，永无反言。恐后无凭，便约存照。

民国卅九年六月廿三日

立便约人　　贾璧玉　亲笔

（背面）

中　人　　蒋银魁

91. 头人蒋银蕊记账

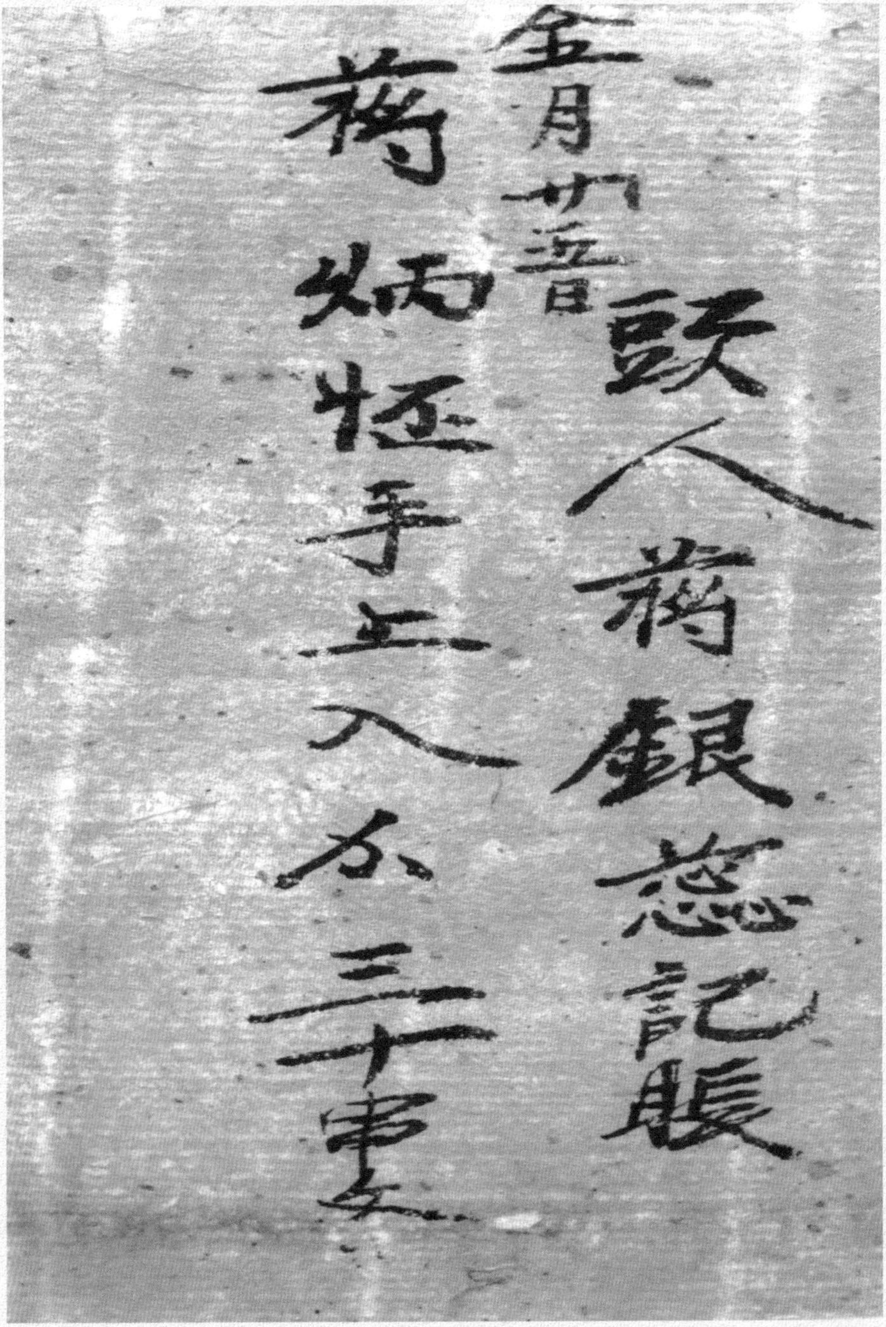

頭人蔣銀蕊記賬
蔣炳極手上入本三十串文
仝月廿五日

录文：

头人蒋银蕊记账

仝月廿五日

蒋炳恒手上入钱三十串文

92. 尚荣立凭据

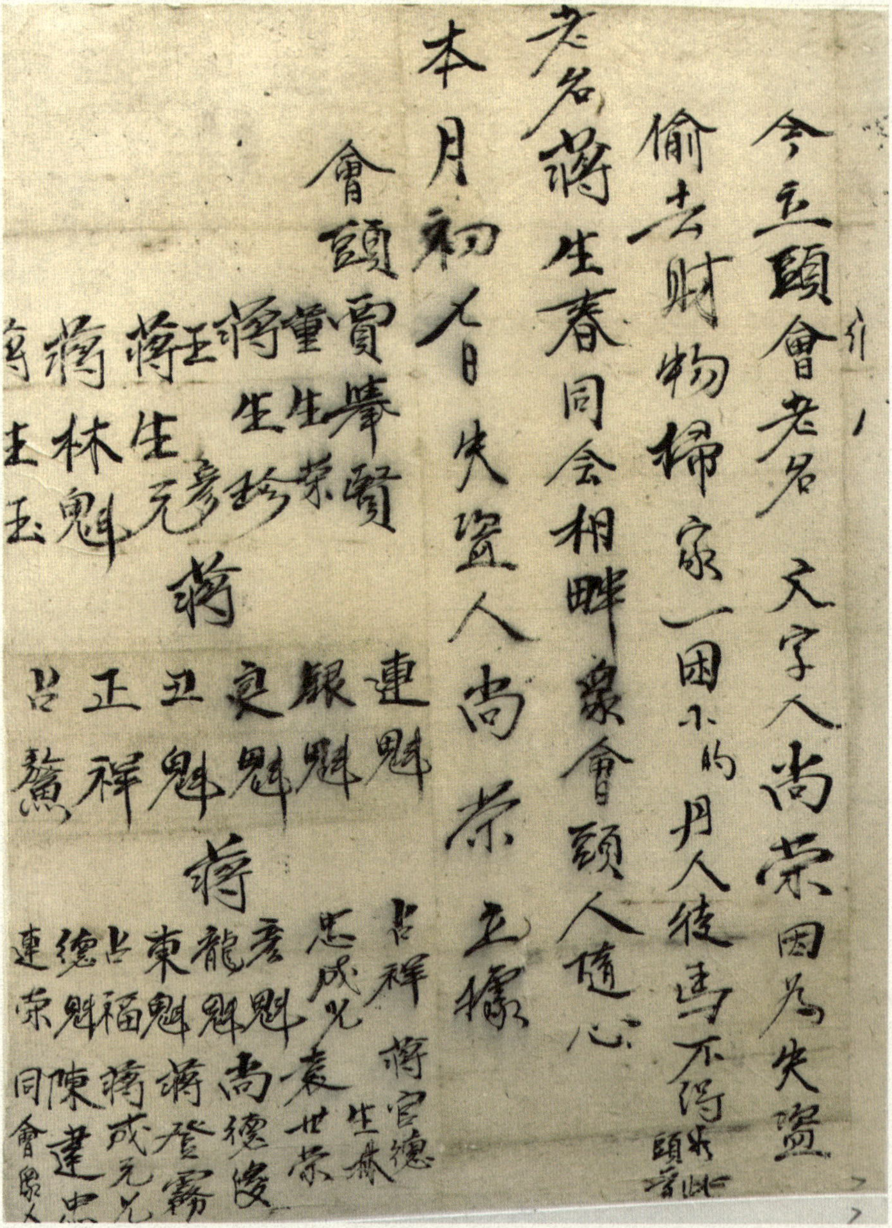
今立頭會老名文字人尚荣因為失盜
偷去財物歸家一困不的丹人徒馮不得頭□□□
老名蔣生春同会相畔衆會頭人隨心
本月初八日失盜人尚荣立據
會頭賈肇賢
董生荣
蔣生珍
王元彥
蔣生□
蔣林魁
王玉
蔣連魁
銀魁
良魁
丑魁
正祥
呂藍
呂祥
蔣官德
生泰
忠成光
袁世荣
彥魁
尚德俊
龍魁
蔣登霧
東魁
蔣成元元光
呂福
陳建忠
德魁
連荣
同會衆人

录文：

（正面）

今立头会老名（民），文字人尚荣，因为失盗偷去财物扫家（扫帚）一困（捆），小的丹（单）人徒（独）马，不得如此。头首老名（民）蒋生春同会相畔，众会头人随心。

本月初七日

失盗人　尚　荣　立据

（背面）

会头　贾举贤　董生荣　蒋生珍　王彦　蒋生元　蒋林魁　蒋生玉蒋（连魁　银魁　良魁　丑魁　正祥　占鳌）。蒋（占祥　忠成儿　彦魁龙魁　东魁　占福　德魁　连荣）蒋官德　蒋生林　袁世荣　尚德俊　蒋登雾　蒋成元儿　陈建忠　连荣　同会众人

93. 杨万一立收条

今收到

杜保长 草料数斗以收讫

杨万一

□月

百茶

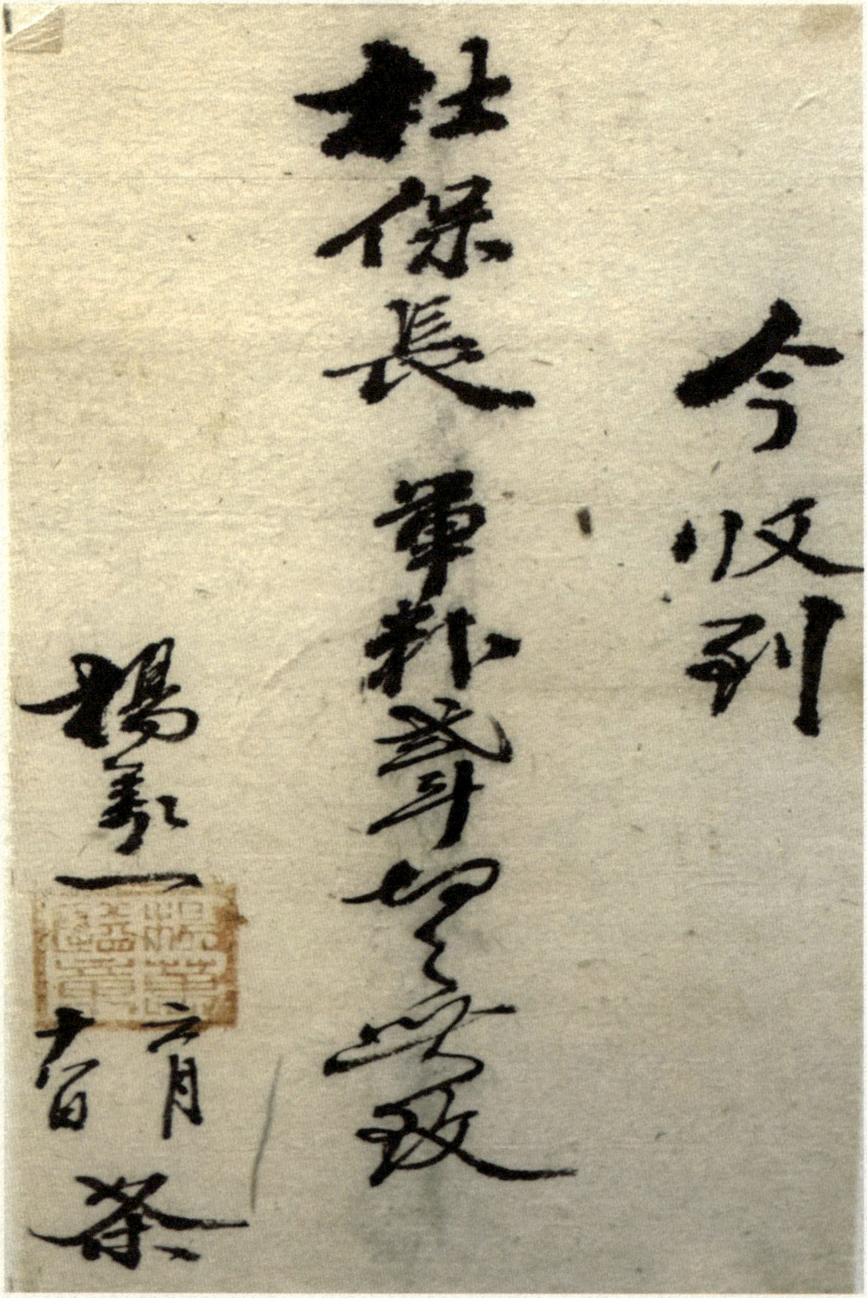

录文：

今收到　杜保长军粮弍斗整此致。

杨万一（钤印　杨万医　章）六月十八日条

94. 岳坪里民杨杰诉状

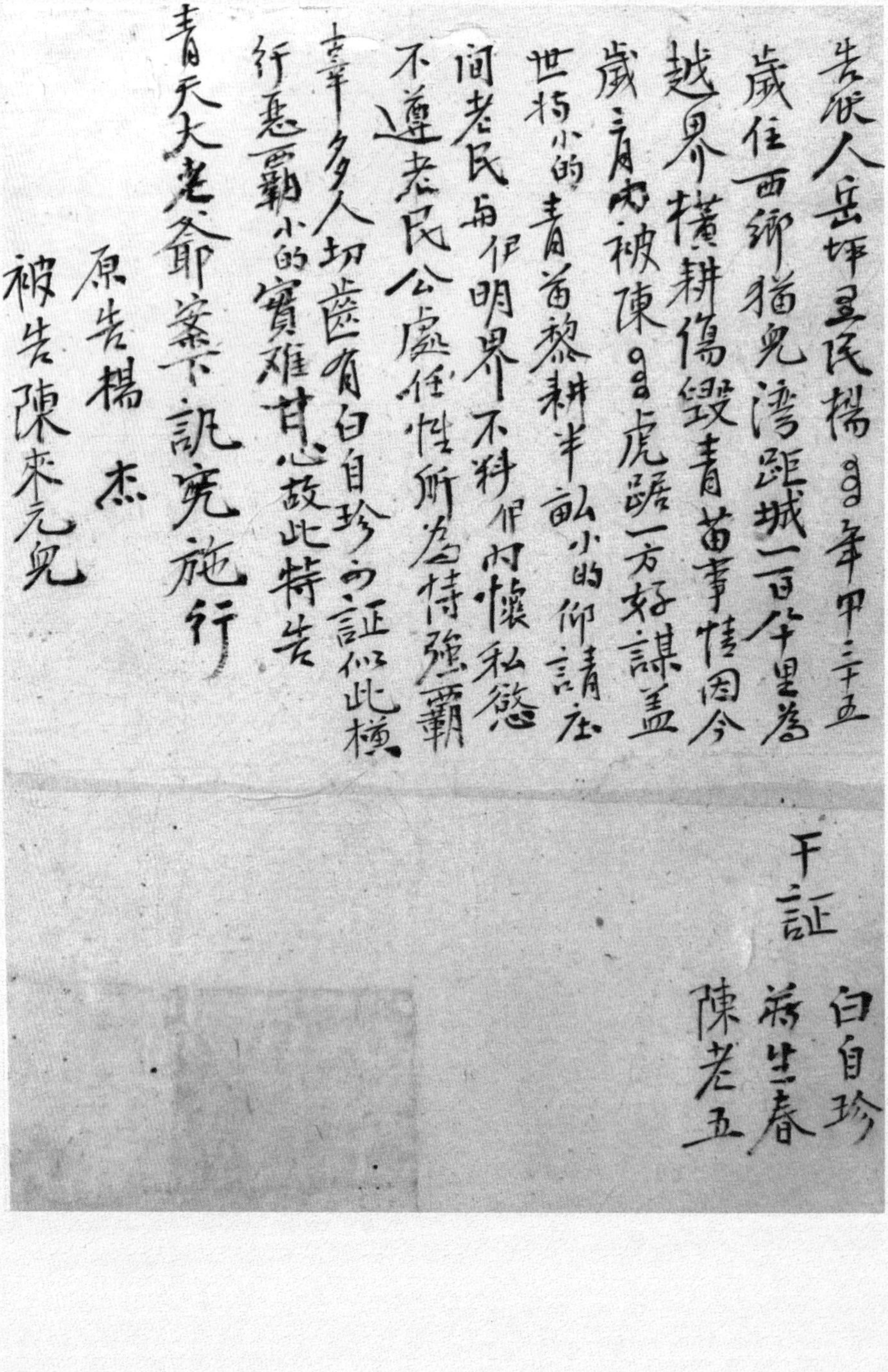
告状人岳坪里民楊〇年甲二十五
歲住西鄉猫兒灣距城一百余里為
越界横耕傷毀青苗事情因今
歲三月内被陳〇虎踞一方好謀盖
世將小的青苗黎耕半畝小的仰請庄
間老民与伊明界不料伊内懷私慾
不遵老民公處任性所為恃强霸
幸多人切證有白自珍可証似此横
行悪霸小的實難甘心故此特告
青天大老爺案下訊究施行
原告楊杰
被告陳來元兒
干証 白自珍 蔣生春 陳老五

录文：

告状人岳坪里民杨□年甲三十五岁，住西乡犹儿湾，距城一百八十里，为越界横耕，伤毁青苗事情，因今岁三月内被陈□虎踞一方，好谋盖世，将小的青苗黎耕半亩。小的仰（央）请庄间老民与伊明界，不料伊内怀私欲，不遵老民公处，任性所为，恃强霸辜，多人切齿，有白自珍为证，似此横行恶霸，小的实难甘心，故此特告青天大老爷案下讯究施行。

原　告　　杨　杰

被　告　　陈来元儿

干　证　　白自珍　蒋生春　陈老五

95. 罗应忠立诉状

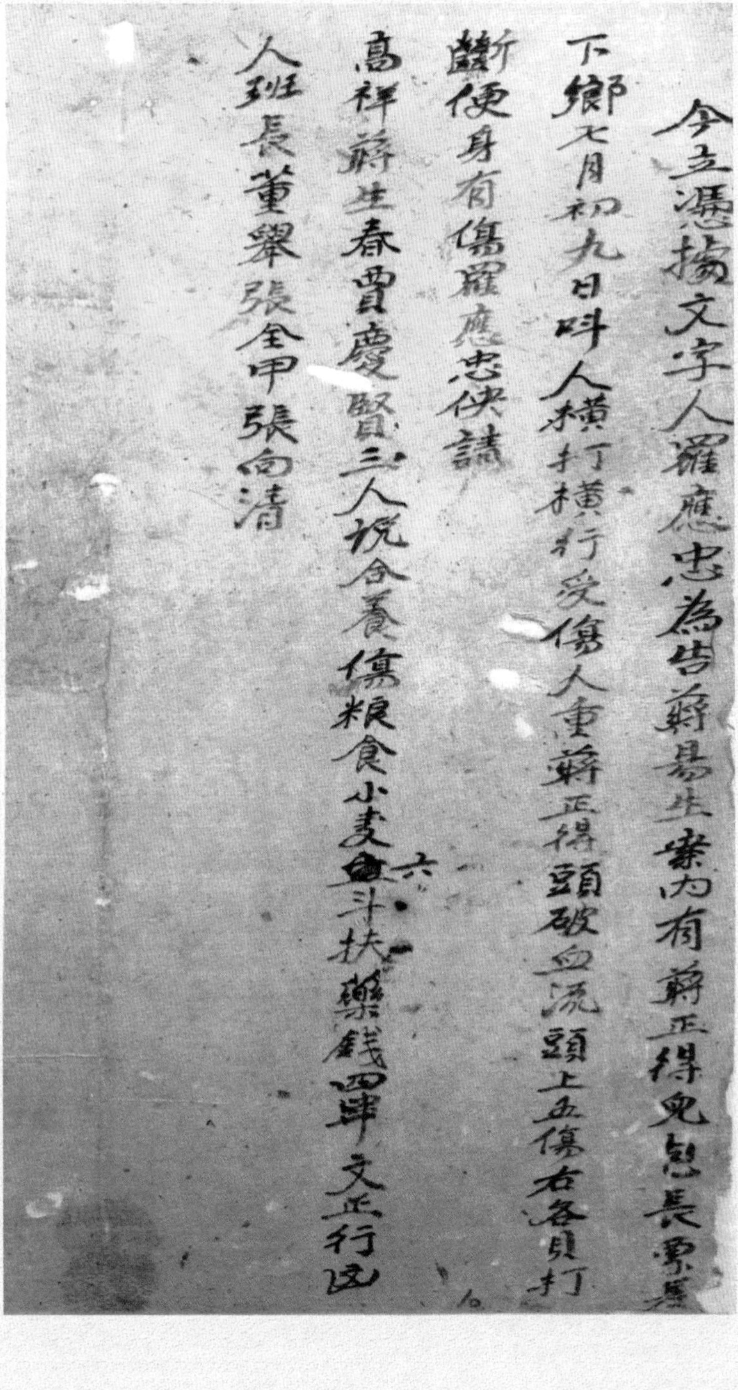
今立憑據文字人羅應忠為告蔣曷生案內有蔣正得兇惡長累[illegible]
下鄉七月初九日叫人横打横行受傷人重蔣正得頭破血流頭上五傷右各貝打
斷便身有傷羅應忠俠請
高祥蔣生春賈慶賢三人說合養傷粮食小麥六斗扶藥錢四串文正行過
人班長董舉張全甲張向清

录文：

今立凭据文字人罗应忠，为告蒋易生案，内有蒋正得儿包长票□下乡，七月初九日，斗人横打横行，受伤人重，蒋正得头破血流，头上五伤，右各贝（胳膊）打断，便（遍）身有伤，罗应忠佚请高祥、蒋生春、贾庆贤三人说合，养伤粮食小麦六斗，扶（付）药钱四串，文正行凶人班长　董举　张全甲　张向清

96. 蒋来元儿诉状

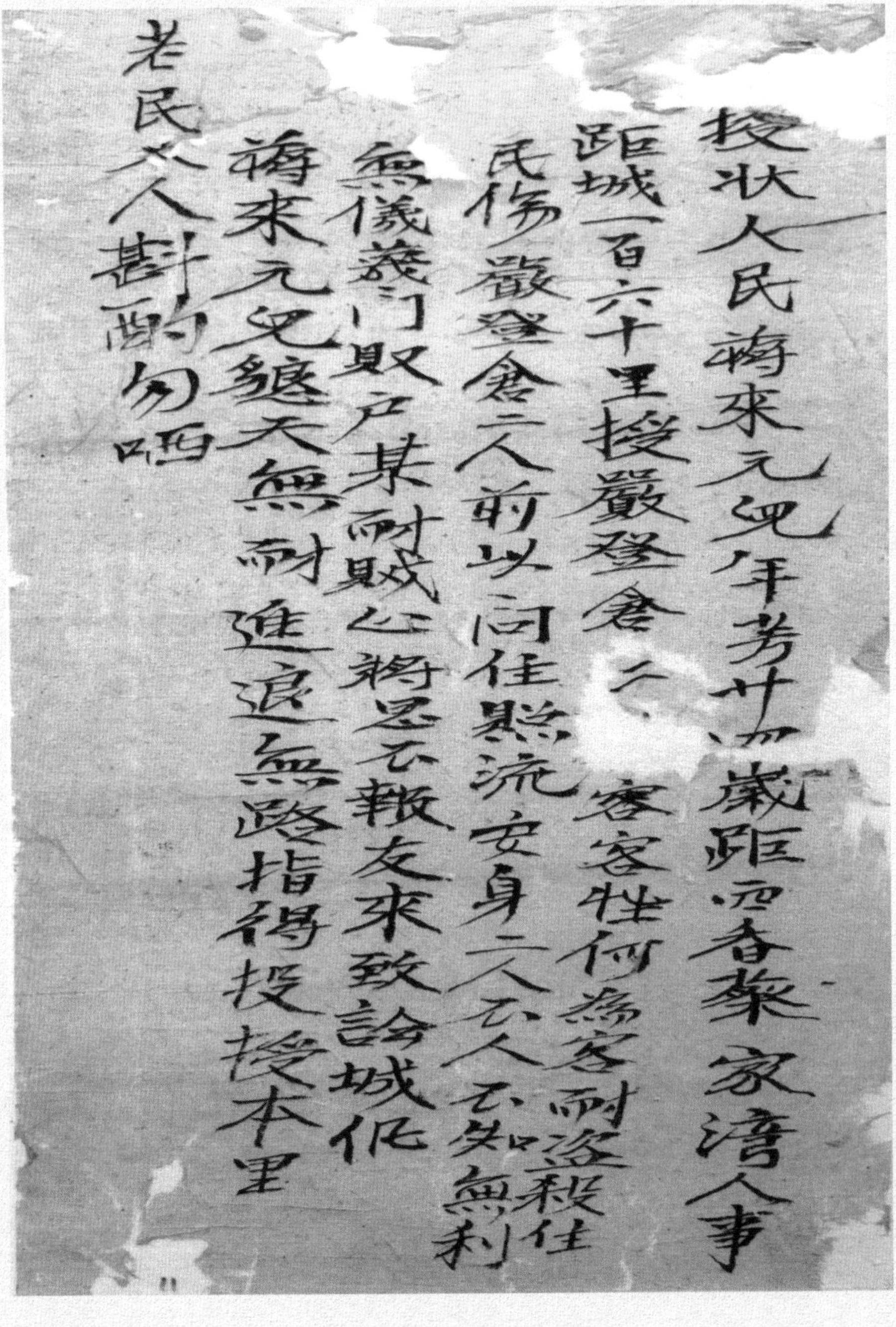

投狀人民蔣來元兒年芳廿四歲距西和秦家灣人事
距城一百六十里投嚴登倉之客客性何為客耐盜殺任
民傷嚴登倉二人前以向住縣流安身二人不人不知無利
無儀蔑門敗戶某耐賊心將恩不報友來致論城佖
蔣來元兒總天無耐進退無路指得投投本里
老民六人斟酌勿晒

录文：

授状人民蒋来元儿，年芳廿四岁，距西香（乡）蔡家湾人事，距城一百六十里，授严登仓二人，□容客牲何为客耐盗杀住民伤严登仓二人，前以问住照流安身二人不人不知，无利无义，蔑门败户，某耐贼心，将恩不报，友来致讼城□，蒋来元儿恳天无耐，进退无路，指得投授本里老民，人人斟酌勿哂。

97. 吕福德立当地约

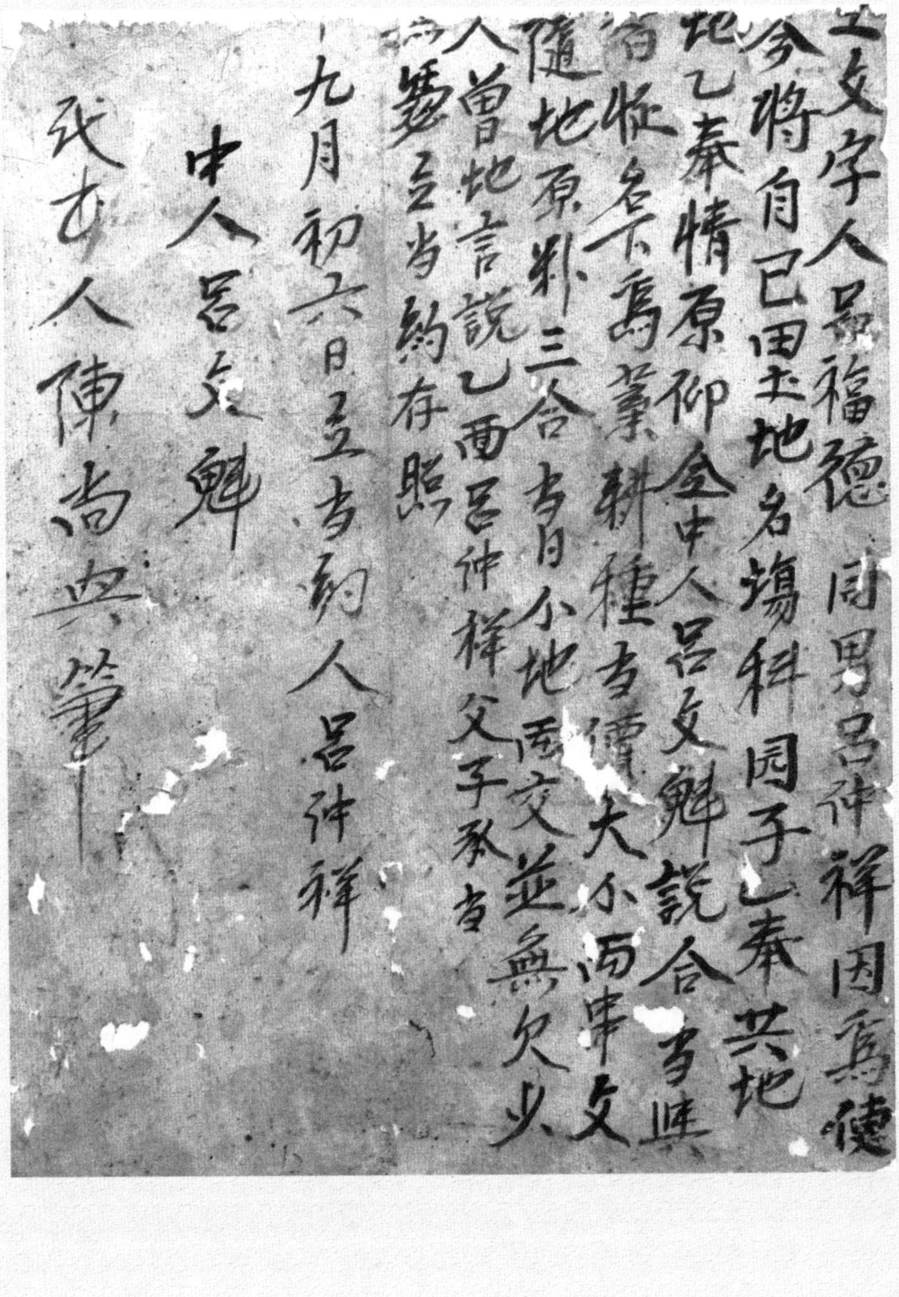

立文字人呂福德 同男呂仲祥因爲使
今將自己田土地名塲科園子乙奉共地
地乙奉情原仰全中人呂文魁說合當與
當收名下爲業耕種當價大小兩串文
隨地原糧三合當日小地兩交並無欠少
人曾地言說乙面呂仲祥父子承當
□憑立當約存照
九月初六日立當約人呂仲祥
中人呂文魁
代書人陳尚興筆

录文：

（正面）

立文字人吕福德，同男吕仲祥因为便□，今将自己田土，地名场科（麦场）园子乙奉（一份），共地□地乙奉（一份），情原仰令中人吕文魁说合，当与□□名下为业耕种，当价大钱两串文□，随地原粮三合，当日钱地两交，并无欠少。□□人曾地言说乙（一）面吕仲祥父子承当，□□为凭立当约存照。

（背面）

□□九月初六日，

立当约人　　吕仲祥

中　人　　吕文魁

代书人　　陈尚兴　笔

98. 田地账薄

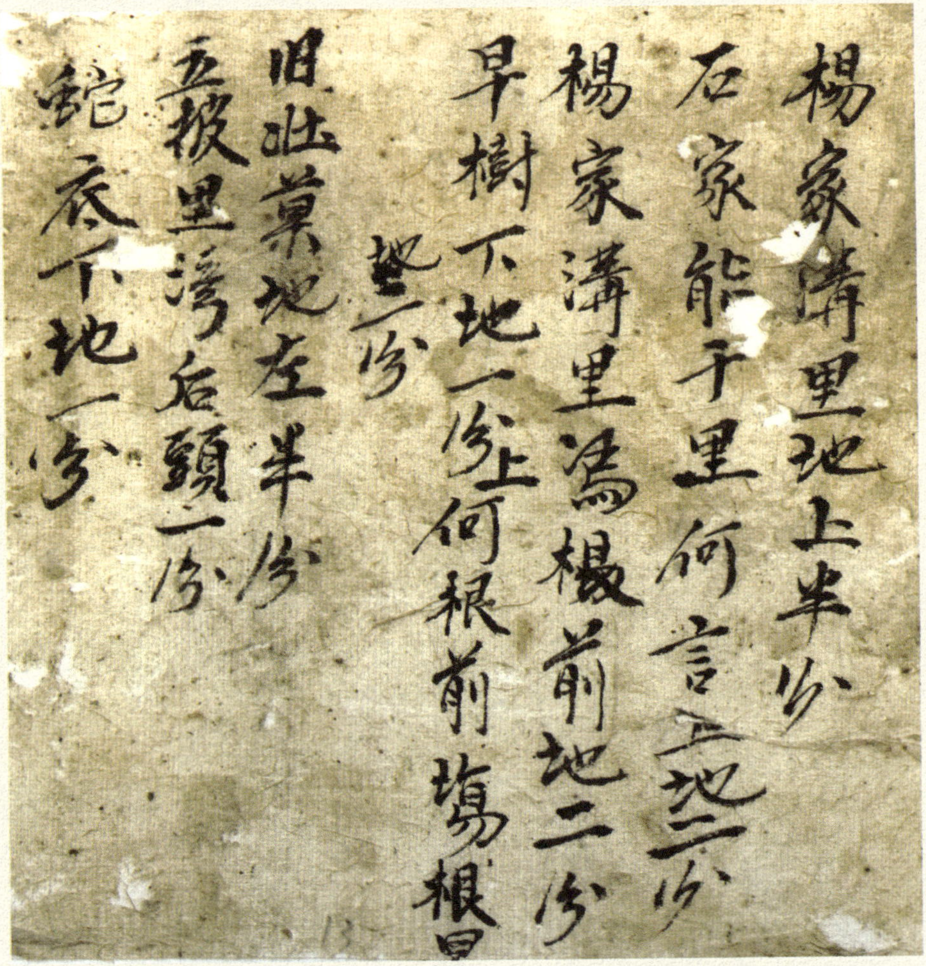

楊家溝里地上半分
石家能于里何言上地二分
楊家溝里馮樣前地二分
旱樹下地一分上何根前塲根
地一分
旧址菓地在半分
五撥里灣后頭一分
鉈底下地一分

录文：

杨家沟里地上半分，石家能干里何言（河沿）上地二分，杨家沟里冯（坟）根（跟）前地二分，早（枣）树下地一分，上何（河）根前（跟）场根（跟）里地二分。

旧庄窠（庄基）地左半分

立坡里湾后头一分

蛇底下地一分

99. 禁贼会牌告示

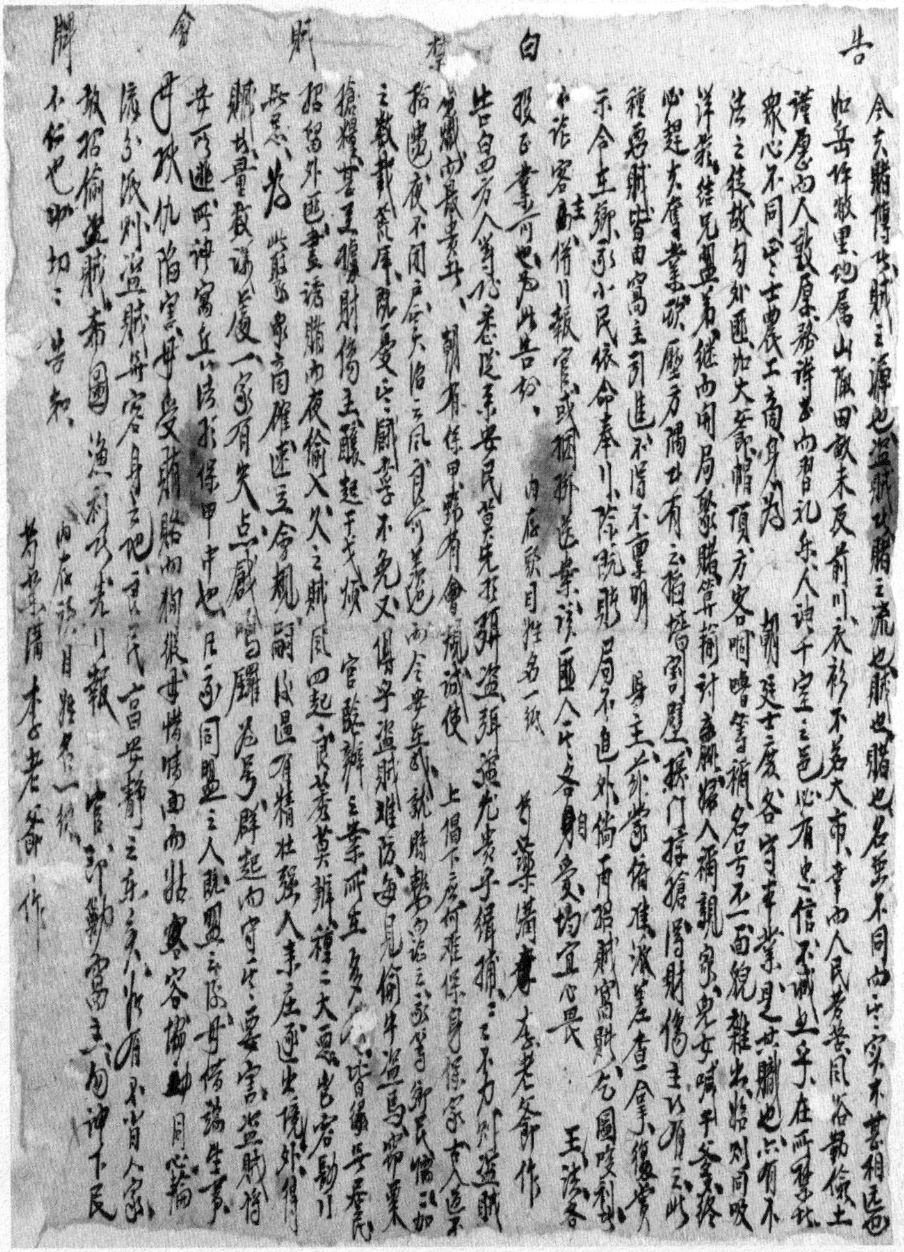

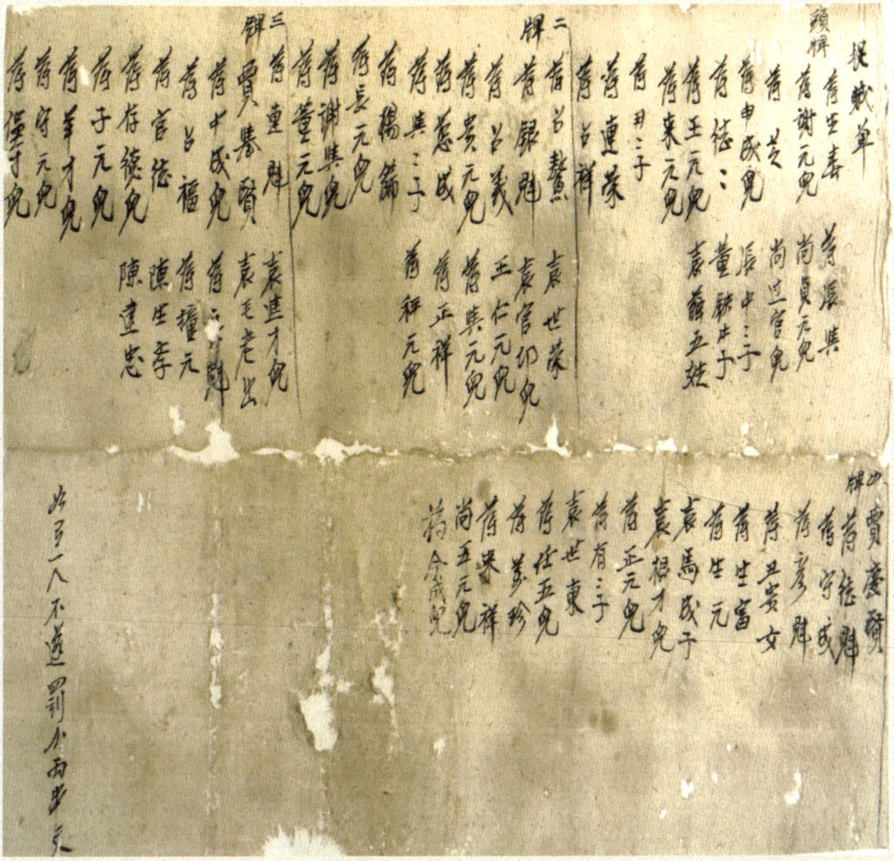

录文：

告白禁贼会牌

今查赌博，此贼之源也。盗贼此赌之流也。贼也，赌也。名并不同而其实不甚相远也。如岳坪敝里，地属山陬，田亩未及前川，衣衫不若大市，幸而人民劳苦，风俗勤俭，土谨原而人敦厚，务诗书而习礼乐，人□千室之邑，必有忠信，不诚□乎。在所禁此，众心不同，而士农工商身为朝廷士度，各守本业，是□职也，又有不法之徒，故勾外匪，如大爷、帽顶、方客、□噜等称，名号不一，面貌杂出，招则同吸洋□，结兄盟弟，继而开局聚赌，算输讨赢，妇人称亲家，儿女喊干爹，终必赶□夺业，顿陷方隅，□有掐墙割壁，抬门掠抢，得财伤主，□有云此种恶贼皆由窝主引进，不得不禀明县主，并蒙俯准，派差查拿。复赏示令在乡。示小民依命奉行。除即赌局不追外，倘再招贼窝贼，乞图唆利，此论客主并报官，或捆绑送案，该匪人□各自受，均宜心畏王法，各投各业可也，为此告□。内存款目牲名一纸，芍药沟李老爷作。

告白四方人等知悉，从来安民莫先于弭盗，弭盗尤贵乎，缉捕不力，则盗贼益炽，而最贵此□朝有系甲，野有会规，诚使上倡下应，何难保身保家，古人道不拾遗，夜不闭户，实治之风，良可羡也，而今安在哉，就时势而论，□□等乡民儒二加之数载荒年，既忧□饿殍，不免又惧乎盗贼，难防每见偷牛盗马，窃粟抢粮，甚至据财伤主，釀起干戈，烦官聆办之案，所在多□皆得安居，民招留外匪尽诱赌而夜偷入，久之，贼风四起，良莠莫辨，种种大恶，岂容肆行无忌，为此聚众商権，速立会规，嗣后遇有精壮强人来庄，逐出境外，得赃此量数议处，一家有失。点戗鸣锣，为号群起，而守□要害，盗贼将安可逃，所誀寓兵法于保甲中也，凡示同盟之人，既盟之后，毋借端生事，毋挟仇陷害，毋受贿赂而徇纵，毋惜情面而姑容，协助同心，轮流分派，则盗贼无容身之地，良民啚安静之乐矣，如有不肖人家，敢招偷盗贼希图渔利，□先行报官，即剿窝主勿□

下民不仁也。切切告知。内存头目姓名一纸。

芍药沟　李老爷　作

捉贼单

头牌

蒋生春　蒋张兴　蒋谢元儿　尚贞元儿　蒋芝　尚过官儿　蒋申成儿　张中中子　蒋德德　董铁牛子　蒋王元儿　袁薛五姓　蒋来元儿　蒋丑丑子　蒋连荣　蒋占祥

二牌

蒋占鳌　袁世荣　蒋银魁　袁官印儿　蒋占义　王仁元儿　蒋贵元儿　蒋兴元儿　蒋慈成　蒋正祥　蒋兴兴子　蒋祥元儿　蒋杨筛　蒋长元儿　蒋谢兴儿　蒋董元儿

三牌

蒋连魁　袁进才儿　贾举贤　袁毛老出（老鼠）蒋中成儿　蒋□魁　蒋占福　蒋撞元　蒋官德　陈生孝　蒋存德儿　陈建忠　蒋子元儿　蒋举才儿　蒋守元儿　蒋保才儿

四牌

贾庆贤　蒋德魁　蒋守成　蒋彦魁　蒋丑贵女　蒋生富　蒋生元　袁马成子　袁根才儿　蒋正元儿　蒋有有子　袁世东　蒋任五儿　蒋万珍　蒋来祥　尚五元儿　蒋今成儿

如召一人不遂，罚钱两串文

100. 蒋生春立买牛约

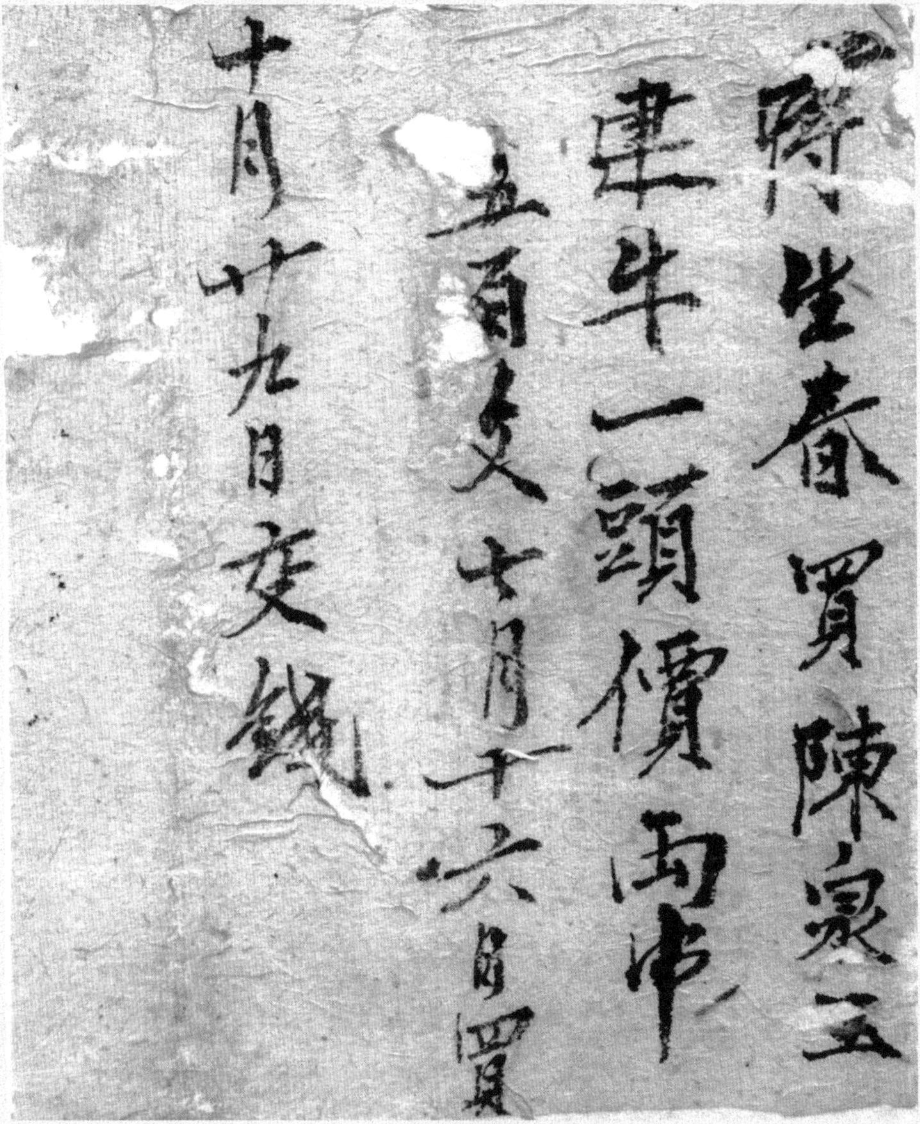
蔣生春買陳泉玉
犍牛一頭價兩串
五百文 七月十六日買
十月廿九日交錢

录文：

蒋生春买陈泉玉建（公）牛一头，价两串，五百文，七月十六日买，十月廿九日交钱。

101. 源顺恒号商行照约

录文：

今着来人张长寅来驮按蔚（玉）麦三斗，见字勿误。

上

蒋老叔讳　生春立照

甲寅仝月拾九日

（源顺恒号）条

102. 腊月十一日杨儿具帖

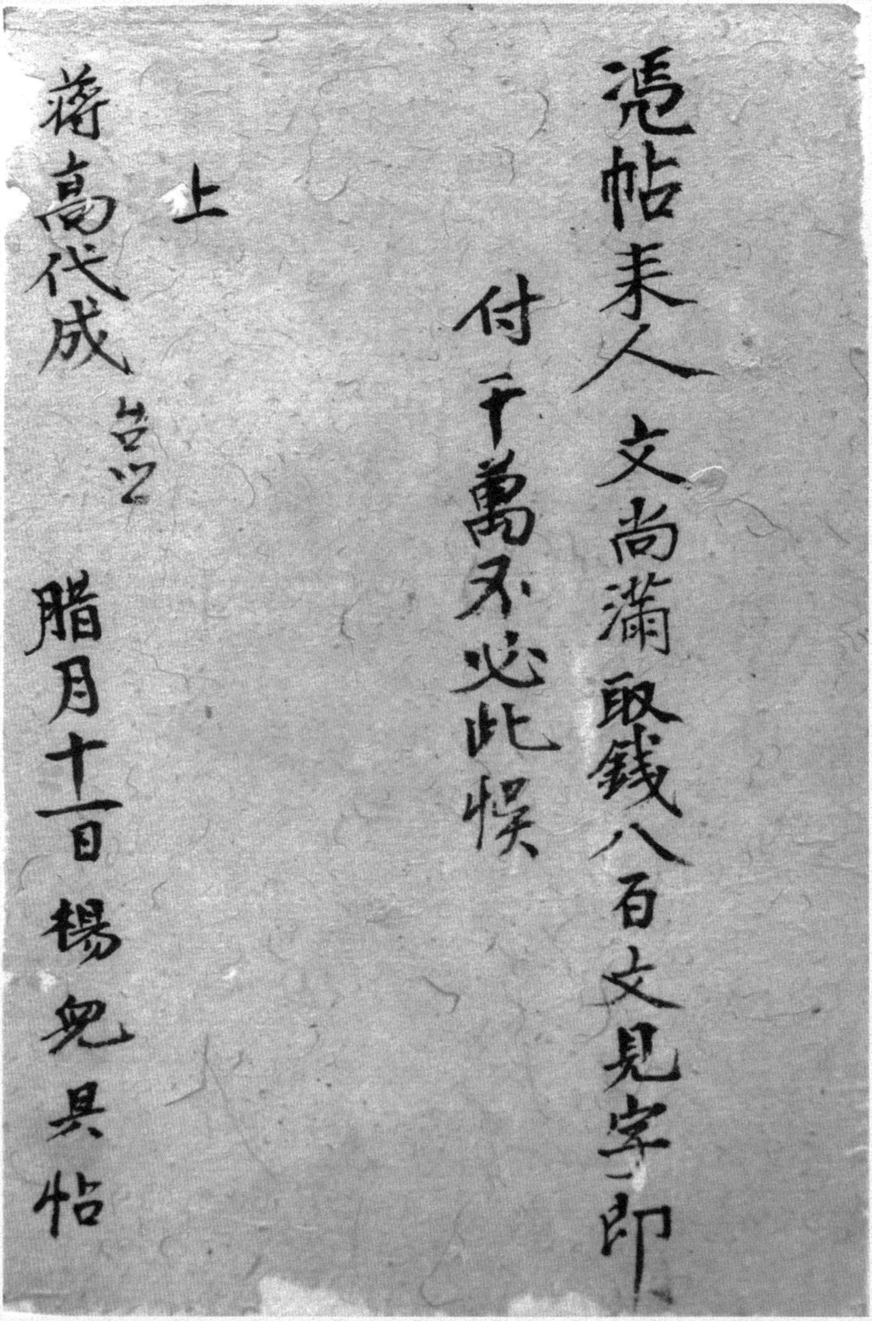
憑帖來人 文尚滿取錢八百文見字即
付千萬不必此悮
上
蒋高代成 台照
腊月十一日 楊兒具帖

录文：

（正面）

凭帖耒（来）人文尚满取钱八百文，见字即付，千万不必此误。

（背面）

上

蒋高代成台照

腊月十一日　杨儿　具帖

103. 杜含莘立借条

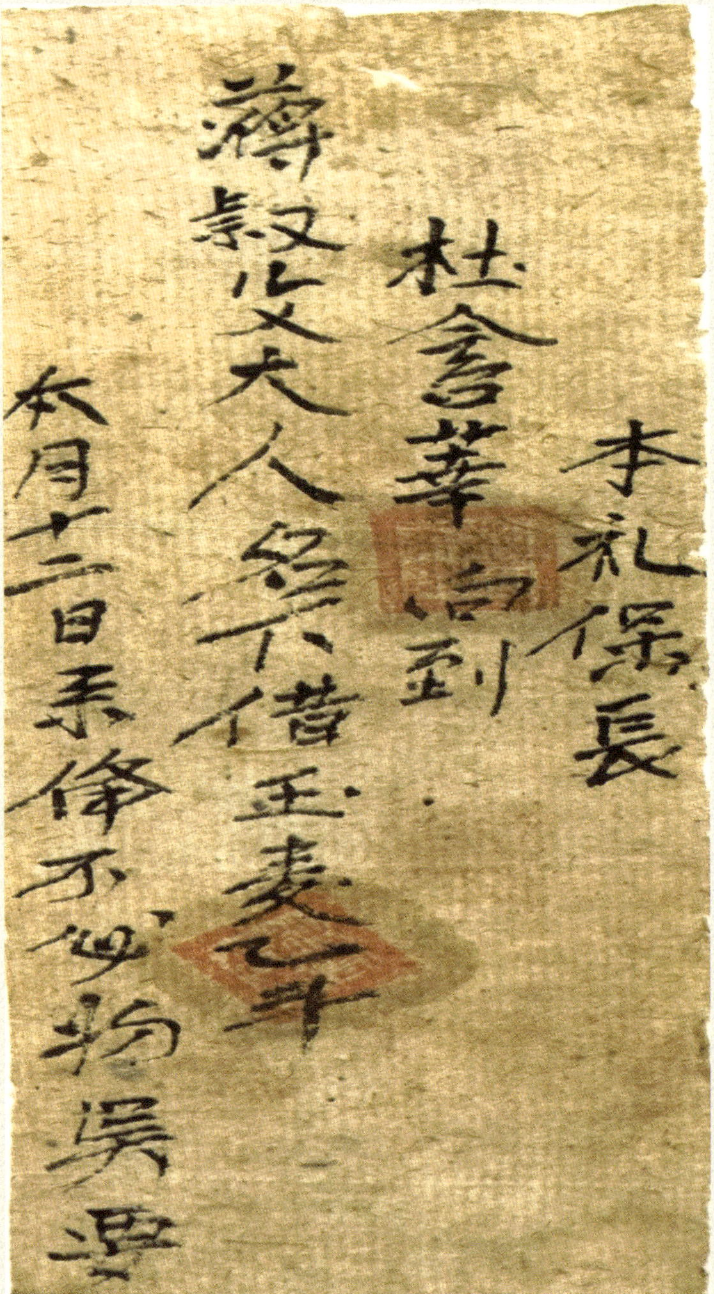

李礼保長
杜含莘台到
蒋叔父大人名下借玉麦乙斗
本月十二日[illegible]不[illegible]物悞要

录文：

本礼（里）保长

杜含莘向到蒋叔父大人名下借玉麦乙（一）斗

本月十二日来条不必□吴（勿）要

104. 杜保长立收条

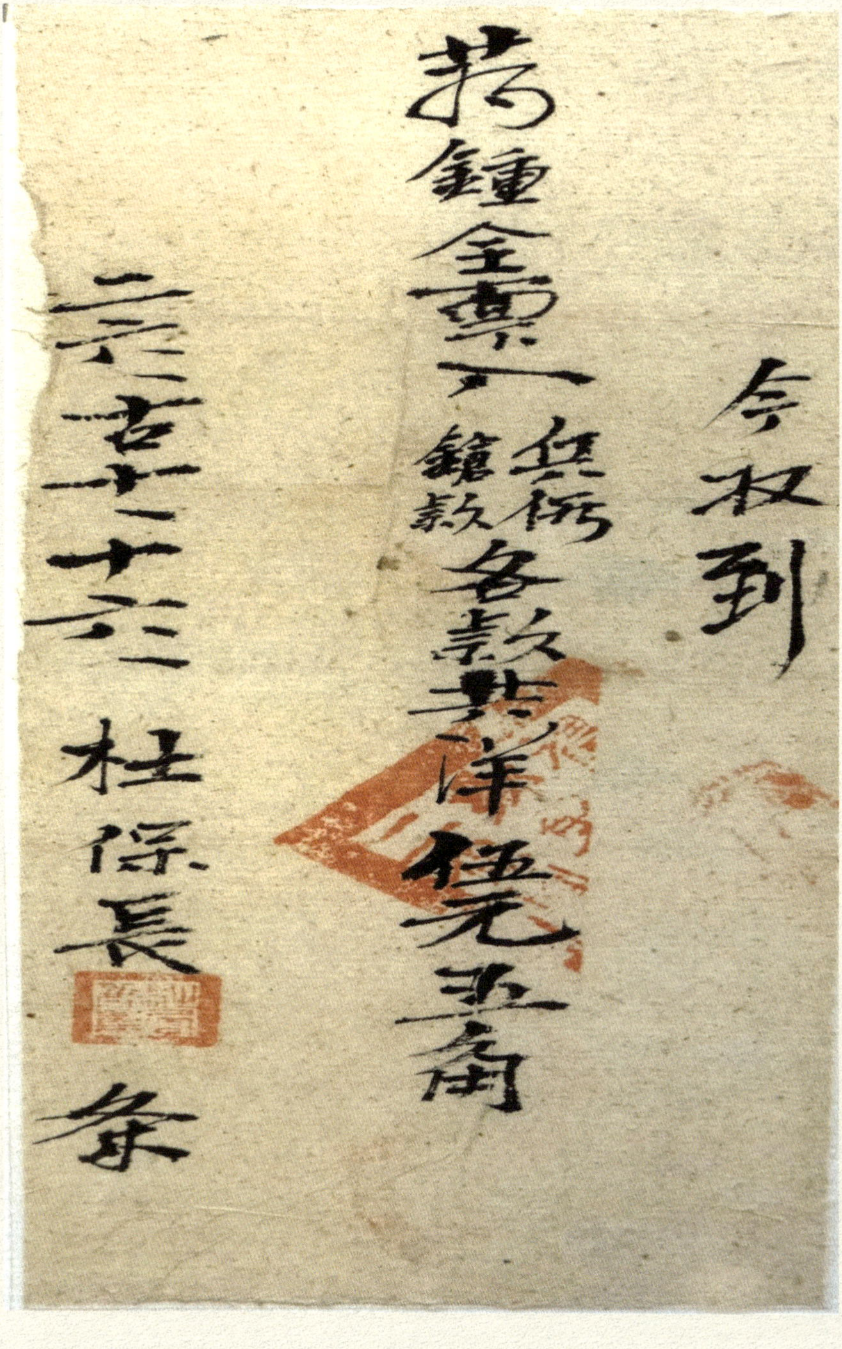

录文：

今收到

蒋钟全面下入兵备枪款各款共洋伍元五角。

二十六、古十、十六　杜保长　条

105. 凭 帖

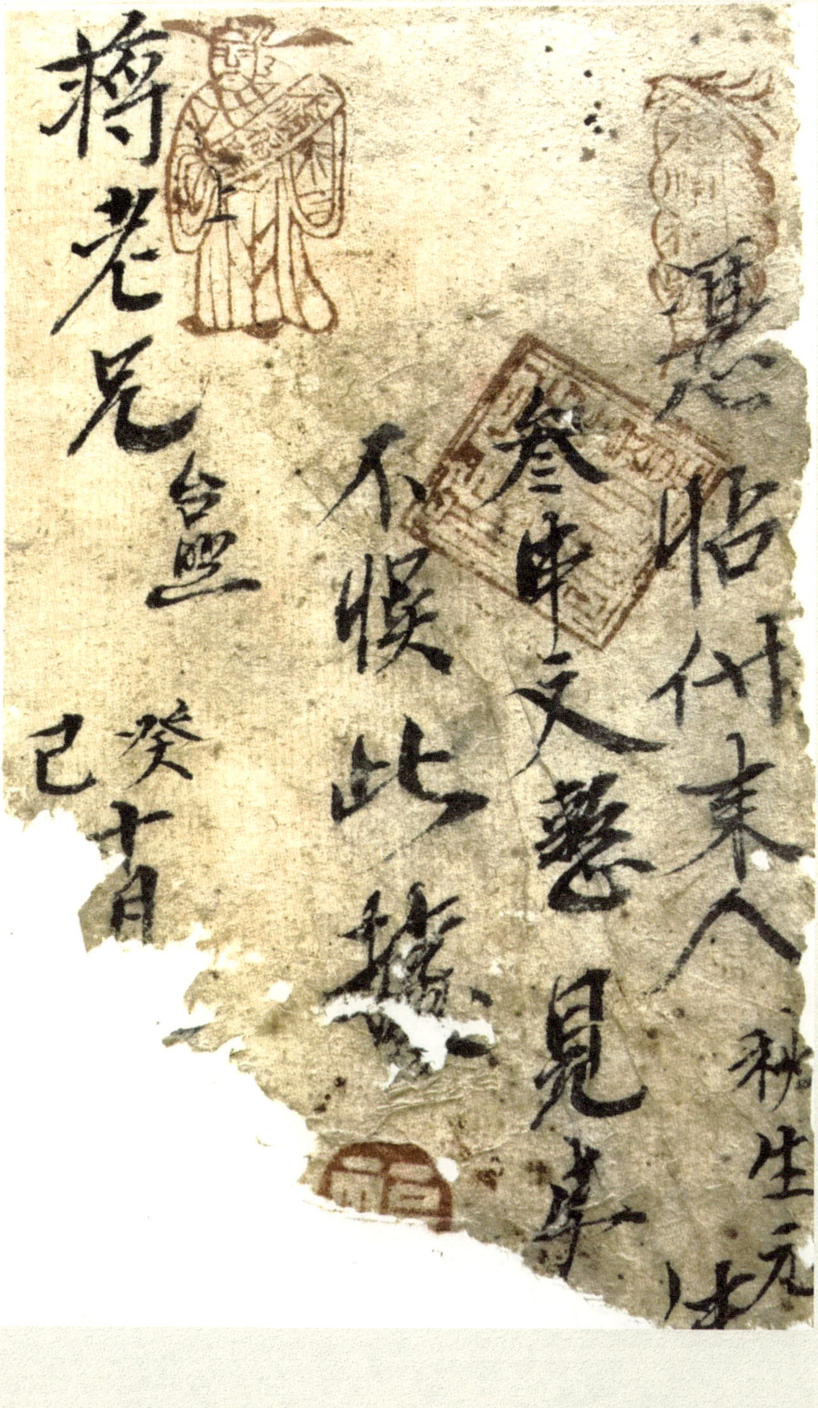

秋生元
□恩临付来人
叁串文整見字
不候此據
椅老兄台照
癸 十月
己

录文：

凭帖付来人秋（邱）生元三串文整。见字不悟（误）此据。

（永顺福号）蒋老兄台照。　癸巳十月

106. 蔣克勤致蔣生春信

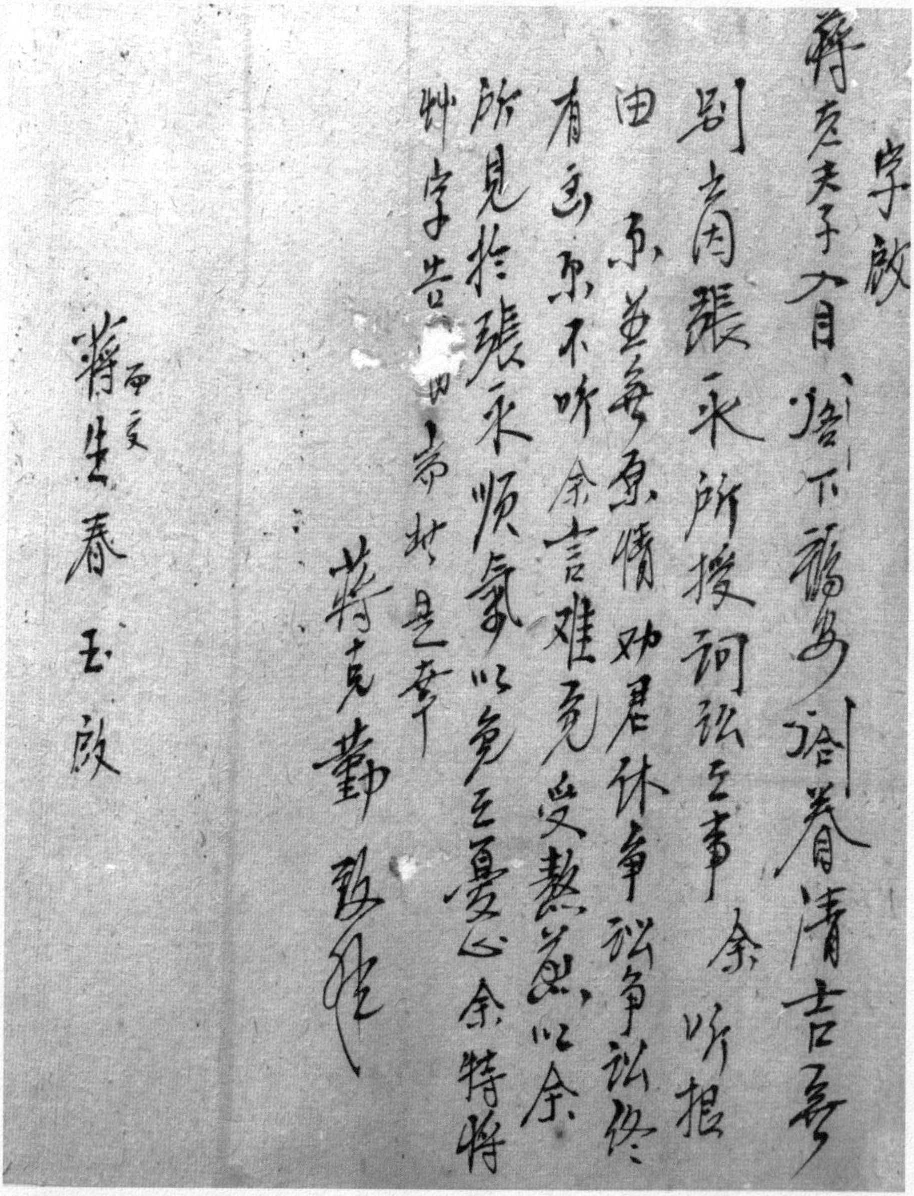
字啟
蔣老夫子大人閣下福安閣眷清吉否
别前因張永所控詞訟之事余所據
由示並無原情劝君休争訟争訟終
有害示不聽余言难免受熬煎以余
所見於張永頑氣以免之憂心余特將
此字告知吾弟切是要
蔣克勤致
蔣生春面交玉啟

录文：

（正面）

字启

蒋老夫子入目阁下福安阁眷清吉善别立，因张永所授词讼立事，余听根由。尔并弃原情劝君休争讼讼终有恼，尔不听余言，难免受熬煎，以余所见于张永顺气，以免互忧，余特将艸字告□祟此是幸。

蒋克勤　致解（敬）

（背面）

向交

蒋生春　　玉启

107. 卦卜书

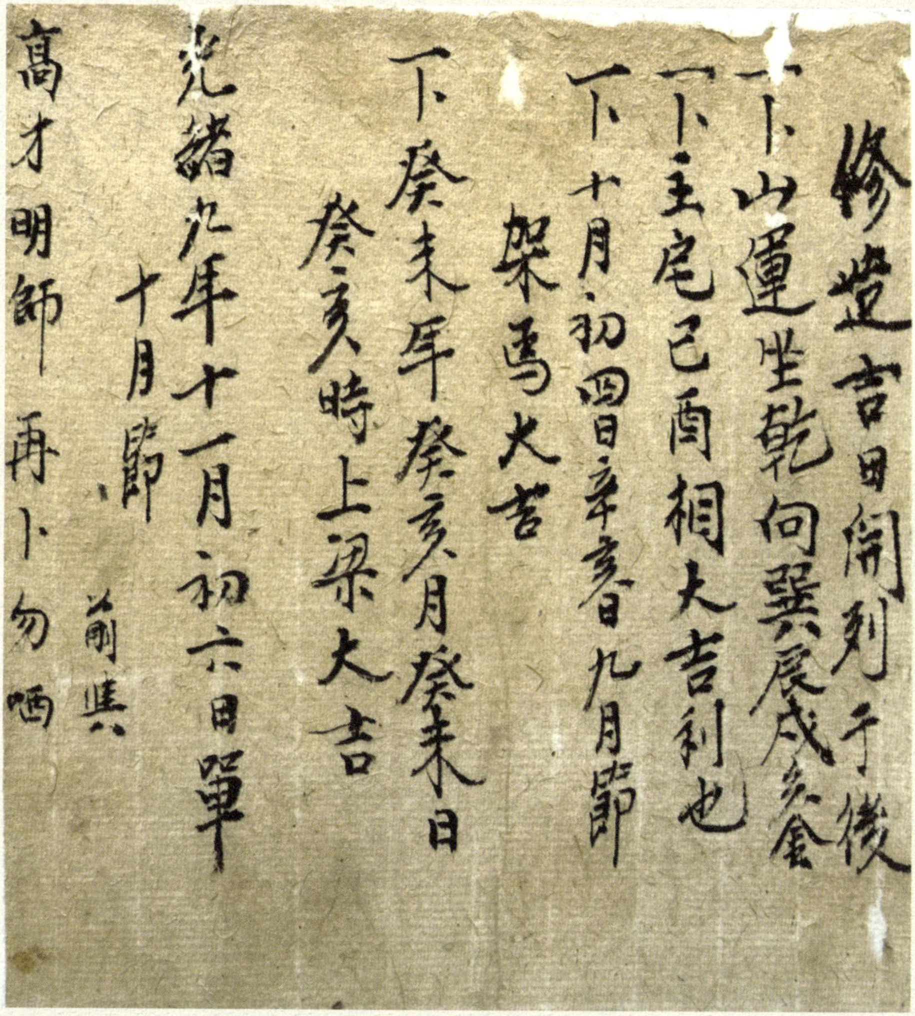
修造吉日開列于後
一卜山運坐乾向巽辰戌亥金
一卜主宅己酉相大吉利也
一卜十月初四日辛亥日九月節
架馬大吉
一卜癸未年癸亥月癸未日
癸亥時上梁大吉
光緒九年十一月初六日單
十月節
前集
高才明師再卜勿哂

录文：

修造吉田开列于后

一卜山运坐乾向巽辰戌分仓

一卜主宅已酉相大吉利也

一卜十月初四日辛亥日九月节

驾马大吉

一卜癸未年癸亥月癸未日癸亥时

上梁大吉

光绪九年十一月初六日单

十月节

前与

高才明师　再卜勿哂